FrenchSmart

Grade 6

Andrea Philp Berlin • Christine Chinpokoi

FrenchSmart

Grade 6

Contents

Greetings

Vocabulaire : Les salutations

Grammaire : Formel vs. familier

Expressions : « Je m'appelle... »
"My name is..."

« Comment t'appelles-tu ? »
"What is your name?"

Comment ça va ?
koh·maan sah vah
How are you doing?

Ça va mal !
sah vah mahl
I'm not doing well!

A. Copiez les mots.
Copy the words.

Bonjour!
Good morning/Hello!

_____

bohn·joor

Bon après-midi!
Good afternoon!

_____

bohn ah·preh·mee·dee

Bonsoir!
Good evening!

_____

bohn·swahr

Bonne nuit!
Good night!

_____

bohn nwee

Bonne journée!
Have a good day!

_____

bohn joor·neh

Salut!
Hi!

_____

sah·lew

À demain Madame!
See you tomorrow, Ma'am!

_____

ah duh·mahn mah·dahm

À la prochaine!
See you next time!

_____

ah lah proh·shehn

Adieu!
Farewell!

_____

ah·dyuh

À bientôt!
See you soon!

_____

ah byahn·toh

À plus!
Later!

_____

ah plews

Greeting people!

serrer la main de (quelqu'un)
to shake hands with (someone)

These verbs belong to the first group of "–ER" verbs which take the following endings:

sg.	pl.
-e	-ons
-es	-ez
-e	-ent

_____

seh·reh lah mahn duh

serrer (quelqu'un) dans ses bras
to hug (someone)

Le matin, je serre mon chien dans mes bras!
In the morning, I hug my dog!

_____

seh·reh daan seh brah

saluer (quelqu'un) de la main
to wave to (someone)

embrasser (quelqu'un)
to kiss (someone) on the cheeks

_____   _____

sah·lew·eh duh lah mahn   *aam·brah·seh*

B.   Encerclez la bonne heure pour chacune des expressions.
Circle the correct time for each of the greeting expressions.

1.   Bonne nuit!

    13 h

    9 h

    22 h 30

2.   Bonne journée!

    20 h

    2 h 40

    10 h 30

3.   Bon après-midi!

    1 h 30

    13 h 30

    9 h 20

4.   Bonjour!

    à minuit

    le matin

    le soir

5.   Bonsoir!

    le matin

    à midi

    le soir

Greeting and Parting

"Bonjour" and "Au revoir" are formal greetings that express respect for the person to whom you are speaking.

Salut!

À plus!

These are familiar greetings that you can use with your friends, relatives, classmates, or even your pets!

C. **Choisissez entre « Bonjour » et « Salut » pour saluer chaque individu.**
Choose between "Bonjour" and "Salut" to greet each individual.

1. _____ mon amie!

2. _____ Maman!

3. _____

4. _____

5. _____

6. _____

D.   Traduisez les salutations en anglais.
Translate the greetings into English.

1.   À bientôt!   2.   À plus!   3.   À demain!

_____   _____   _____

4.   Adieu!   5.   À la prochaine!

_____   _____

E.   En utilisant les verbes à la page 5 écrivez une phrase qui décrit l'image.
Use the verbs on page 5 to write a sentence for each picture.

1.

Je _____ .

2.

Alice et Marie _____ .

3.

Tu _____ .

4.

Mon frère _____ .

Formel ou familier?
Formal or Familiar?

	Formal	Familiar	Familiar
Question	Comment allez-vous? *koh·maan tah·leh voo* How are you?	Ça va? *sah vah* How's it going?	Quoi de neuf? *kwah duh nuhf* What's new?
Answer	Je vais bien, merci. *juh veh byahn mehr·see* I'm good, thank you. Bien, et vous? *byahn eh voo* Good, and you? Bien, merci. *byahn mehr·see* Good, thank you.	Ça va bien, merci. *sah vah byahn mehr·see* Good, thank you. Ça va mal. *sah vah mahl* Bad. Comme ci, comme ça. *kohm see kohm sah* So, so.	Rien de neuf. *ryahn duh nuhf* Nothing's new.

> **Pas grand-chose.** *pah graan shohz* Not much.

F. **Écrivez deux réponses possibles à chaque question.**
Write two possible answers to each question.

1. Comment allez-vous aujourd'hui Mme Leblanc?

   _____

   _____

2. Ça va mon ami?

   _____

   _____

3. Quoi de neuf Paul?

   _____

   _____

Expressions

En anglais :
In English

A: Hello! My name is...
   What is your name?

B: Hello! My name is...

En français :
In French

A: Bonjour! Je m'appelle...
   juh mah·pehl

Comment ┌ t'appelles-tu? (familiar)
koh·maan │ *tah·pehl tew*
          └ vous appelez-vous? (formal)
            voo zah·puh·leh voo

B: Bonjour! Je m'appelle...

> **Bonjour! Je m'appelle Sylvie. Comment vous appelez-vous?**
> *Hello! My name is Sylvie. What is your name?*

G. Écrivez un dialogue entre les deux personnages qui se présentent.
Write a dialogue between the two characters introducing themselves to each other.

1. Paul: ___Bonjour!_____

_____

M. Martin Leblanc: _____

2. Sylvie: _____

_____

Paul: _____

3. Mme Anne Laurent: _____

_____

M. Paul Dubois: _____

Les nombres : de 1 à 100

Numbers: 1 to 100

Vocabulaire :   Les nombres de l à 100

Grammaire :   Les expressions de quantité
« peu, beaucoup, assez, trop »

Il y a trop de nombres!
eel ee yah troh duh nohmbr
There are too many numbers!

A.   Écrivez les nombres manquants entre 1 et 69 en lettres et copiez les nombres entre 70 et 100.

Write the missing numbers between 1 and 69 in words and copy the numbers 70 to 100.

1 _____	11 _____	21 vingt et un	31 _____
2 _____	12 _____	22 _____	32 _____
3 trois	13 _____	23 _____	33 _____
4 quatre	14 _____	24 _____	34 _____
5 _____	15 _____	25 vingt-cinq	35 _____
6 _____	16 _____	26 _____	36 trente-six
7 _____	17 dix-sept	27 _____	37 trente-sept
8 _____	18 _____	28 vingt-huit	38 _____
9 _____	19 _____	29 vingt-neuf	39 _____
10 _____	20 vingt	30 _____	40 _____

41 quarante et _____

42 _____

43 _____

44 _____

45 quarante- _____

46 _____

47 _____

48 _____

49 _____

50 _____

51 cinquante et _____

52 _____

53 _____

54 _____

55 _____

56 _____ -six

57 _____

58 cinquante _____

59 _____

60 _____

61 _____

62 soixante- _____

63 _____

64 _____

65 _____

66 _____

67 _____ -sept

68 _____

69 _____

70 _soixante–dix_

70 soixante-dix

_____

71 soixante et onze

_____

72 soixante-douze

_____

73 soixante-treize

_____

74 soixante-quatorze

_____

75 soixante-quinze

_____

76 soixante-seize

_____

77 soixante-dix-sept

_____

70: soixante-dix
70 = 60 + 10

71: soixante et onze
71 = 60 + 11

78 soixante-dix-huit

_____

79 soixante-dix-neuf

_____

80 quatre-vingts   _____

81 quatre-vingt-un   _____

82 quatre-vingt-deux   _____

83 quatre-vingt-trois   _____

84 quatre-vingt-quatre   _____

85 quatre-vingt-cinq   _____

86 quatre-vingt-six   _____

87 quatre-vingt-sept   _____

88 quatre-vingt-huit   _____

89 quatre-vingt-neuf   _____

80: quatre-ving**ts**
$$80 = 4 \times 20$$

81: quatre-vingt-un
$$81 = (4 \times 20) + 1$$

· ·

90 quatre-vingt-dix   _____

91 quatre-vingt-onze   _____

92 quatre-vingt-douze   _____

93 quatre-vingt-treize   _____

94 quatre-vingt-quatorze _____

95 quatre-vingt-quinze   _____

96 quatre-vingt-seize   _____

97 quatre-vingt-dix-sept   _____

98 quatre-vingt-dix-huit   _____

99 quatre-vingt-dix-neuf _____

90: quatre-vingt-dix
$$90 = (4 \times 20) + 10$$

91: quatre-vingt-onze
$$91 = (4 \times 20) + 11$$

100 cent

_____

saan

B. **Écrivez les nombres en chiffres.**
Write the numbers in digits.

1. trente-neuf _____ 2. soixante-quatorze _____

3. quarante-six _____ 4. quatre-vingt-six _____

5. quatre-vingt-seize _____ 6. quatre-vingt-dix-huit _____

7. soixante-six _____ 8. soixante-seize _____

9. cinquante-sept _____ 10. soixante-quinze _____

C. **Écrivez les nombres en lettres.**
Write the numbers in words.

92 _____

65 _____

41 _____

77 _____

80 _____

16 _____

79 _____

85 _____

97 _____

D. **Regardez la table avec le volume des ventes du magasin. Écrivez les nombres donnés en lettres.**

Look at the table showing the sales volume of the store. Write the sales numbers in words.

Le volume des ventes	
lundi	36
mardi	28
mercredi	90
jeudi	53
vendredi	47
samedi	74
dimanche	17

1. _____

2. _____

3. _____

4. _____

5. _____

6. _____

7. _____

8. le total de lundi et mardi   _____

9. le total de vendredi et jeudi   _____

10. le total de la fin de semaine   _____

11. le prix du vêtement   _____

E. **Faites les calculs et écrivez les réponses en lettres.**

Do the calculations and write the answers in words.

1. 7 plus 69 égalent   _____

2. 94 moins 3 égalent   _____

3. 17 plus 50 égalent   _____

Les adverbes de quantité
Quantity Adverbs

An adverb is a word that modifies a verb, an adjective, or another adverb.
Quantity adverbs can describe how much there is of something.

Quantity adverb + de + noun

trop	too much/many
beaucoup	a lot
assez	enough
peu	little/not much

+ **de/d'** of

countable nouns (e.g. apples, cookies, etc.)
e.g. Je mange beaucoup **de** pomme**s**.
I eat a lot of apples.

uncountable nouns (e.g. money, flour, etc.)
e.g. Je mange peu **de** farine.
I eat little flour.

Drop the article (le, la, un, une, etc.) when
the noun follows a quantity adverb.

F. **Utilisez le bon adverbe pour décrire la quantité dans chaque image.**
Use the correct adverb to describe the quantity in each picture.

A Il a mangé _____ biscuits.

B Il y a _____ crème glacée.

C Il y a _____ argent.
ahr·jaan
money

D Il y a _____ eau.

E Il y a _____ pommes.

Les adjectifs possessifs

Possessive Adjectives

C'est ma robe!
seh mah rohb

It's my dress!

Vocabulaire : Les adjectifs possessifs

Révision : Comment utiliser les adjectifs possessifs

Grammaire : La possession et les pronoms disjoints

Non, c'est ma robe à moi!
noh seh mah rohb ah mwah

No, the dress is mine!

A. Copiez les mots.
Copy the words.

One possessor

	my	your	his/her/its
1 object	mon (m.) _____ *mohn*	ton (m.) _____ *tohn*	son (m.) _____ *sohn*
	ma (f.) _____ *mah*	ta (f.) _____ *tah*	sa (f.) _____ *sah*
> 1 object	mes (m./f.) _____ *meh*	tes (m./f.) _____ *teh*	ses (m./f.) _____ *seh*

More than one possessor

	our	your	their
1 object	notre (m./f.) _____ *nohtr*	votre (m./f.) _____ *vohtr*	leur (m./f.) _____ *luhr*
> 1 object	nos (m./f.) _____ *noh*	vos (m./f.) _____ *voh*	leurs (m./f.) _____ *luhr*

Comment choisir le bon adjectif possessif
How to choose the correct possessive adjective

Step 1: Identify the number of possessors.

Step 2: Identify the number of things possessed.

Step 3: Identify the gender of the possessed object(s).

> If a singular possessed object starts with a vowel, you use mon, ton, or son regardless of the gender.
>
> une école (f.)
>
> **but:** mon école ✓
> ~~ma~~ école ✗

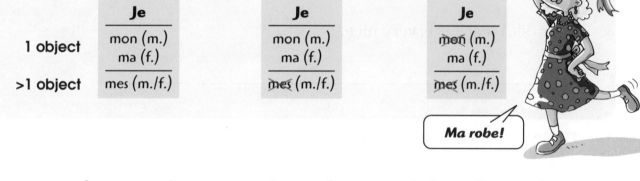

e.g. my dress

```
              ┌─ 1 possessor        1 object ─┐        gender of dress: ─┐
                                                       une robe (f.)
         Step 1: my dress      Step 2: my dress        Step 3: my dress
```

	Je		**Je**		**Je**
1 object	mon (m.) ma (f.)		mon (m.) ma (f.)		~~mon~~ (m.) ma (f.)
>1 object	mes (m./f.)		~~mes~~ (m./f.)		~~mes~~ (m./f.)

Ma robe!

B. **Construisez une phrase pour chaque image en imitant l'exemple.**
Follow the example to make a sentence for each picture.

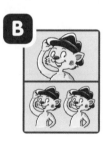

your (sg.)   our   my   your (pl.)   her

A *C'est ton crayon.*   *Ce sont tes crayons.*

B _____   _____

C _____   _____

D _____   _____

E _____   _____

C. **Traduisez la phrase en français avec le bon adjectif possessif.**
Translate the sentence into French with the correct possessive adjective.

1.

My favourite season is winter.

2. Our class is very big.

_____

3. Your (sg.) teacher is very nice.

_____

4. His ice cream is cold.

_____

5. Her 99 dresses are pretty.

_____

6. Their house is big but their rooms are small.

_____

7.

Your nose is red!

Grammaire

Une autre façon de montrer la possession
Another way to show possession

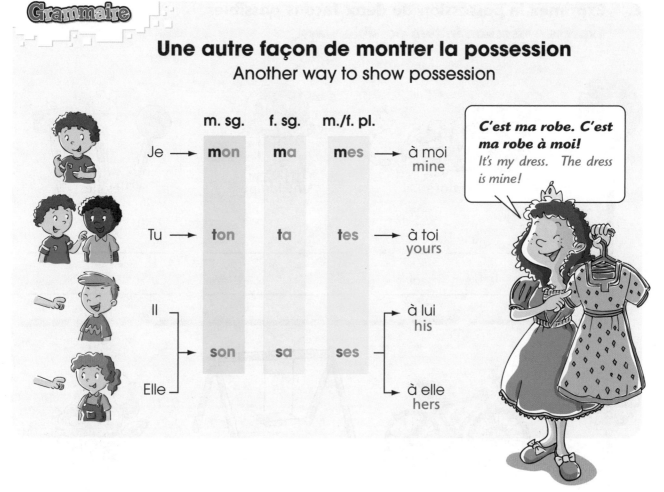

	m. sg.	f. sg.	m./f. pl.	
Je →	**m**on	**m**a	**m**es →	à moi mine
Tu →	**t**on	**t**a	**t**es →	à toi yours
Il ⌐				→ à lui his
└ →	**s**on	**s**a	**s**es	
Elle ⌐				→ à elle hers

C'est ma robe. C'est ma robe à moi!
It's my dress. The dress is mine!

D. **Récrivez la phrase avec le bon adjectif possessif.**
Rewrite the sentence with the correct possessive adjective.

1. C'est le râteau à lui.   C'est _____ râteau.

2. Je mange la pomme à moi.   _____

3. Les fleurs à toi sont ici.   _____

4. Quelles sont les robes à elle? _____

5. As-tu besoin du livre à toi?   _____

6. J'embrasse la mère à moi.   _____

E.   **Exprimez la possession de deux façons possibles.**
Express possession in two possible ways.

Je

un tigre

une lampe

les clés

_____mon tigre_____

_____le tigre à moi_____

_____

_____

_____

_____

Tu

un vélo

une balançoire
ewn bah·laan·swahr

les fleurs

_____

_____

_____

_____

_____

_____

Il / Elle

un ananas

une banane

les pommes

_____

_____

_____

_____

_____

_____

F. **Remplissez les tirets avec le bon adjectif possessif.**
Fill in the blanks with the correct possessive adjectives.

1.
Mange _____ my légumes!

Je ne veux pas manger _____ your légumes.

2.
Vite! _____ our mère vient!

Mais, je ne veux pas manger tes légumes à _____ yours.

3.
Paul a mangé ses légumes à _____ his.

Tu dois manger _____ your légumes aussi.

Mais...

G. **Complétez les phrases avec la bonne partie du corps et le bon adjectif possessif.**
Complete each sentence with the correct body part and the correct possessive adjective.

1. Tu marches avec _____ .

2. Je parle avec _____ .

3. Nous mangeons avec _____ .

4. Ils écoutent avec _____ .

Conjunctions

Vocabulaire : Les conjonctions

Grammaire : L'emploi des conjonctions

> **J'aime mon chat et mon chien.**
> *jehm mohn shah eh mohn shyahn*
> I like my cat and my dog.

> **Je t'aime aussi mais je n'aime pas Charlie.**
> *juh tehm oh·see meh juh nehm pah shahr·lee*
> I like you too but I don't like Charlie.

Charlie

A. Copiez les mots.
Copy the words.

et and

_____
eh

Il fait froid en automne et en hiver.
It's cold in fall and in winter.

ou or

_____
oo

Est-ce que c'est un fruit ou un légume?
Is this a fruit or a vegetable?

mais but

_____
meh

Je n'aime pas les fruits mais j'aime les légumes.
I don't like fruits but I like vegetables.

ni...ni(ne) neither...nor   parce que because

_____   _____
nee nee   *pahrs kuh*

puis then   car since   donc therefore/so

_____   _____   _____
pwee   *kahr*   *dohnk*

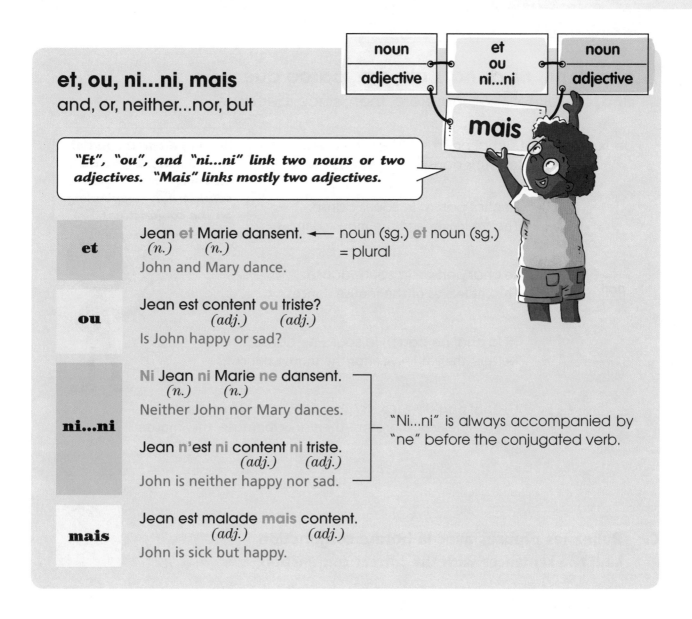

et, ou, ni...ni, mais

and, or, neither...nor, but

"Et", "ou", and "ni...ni" link two nouns or two adjectives. "Mais" links mostly two adjectives.

et	Jean **et** Marie dansent. ⟵ noun (sg.) **et** noun (sg.) *(n.)* *(n.)* = plural John and Mary dance.
ou	Jean est content **ou** triste? *(adj.)* *(adj.)* Is John happy or sad?

ni...ni	**Ni** Jean **ni** Marie **ne** dansent.
	   (n.) *(n.)*
	Neither John nor Mary dances.
	
	Jean **n'**est **ni** content **ni** triste.
	        (adj.) *(adj.)*
	John is neither happy nor sad.

mais	Jean est malade **mais** content. *(adj.)* *(adj.)* John is sick but happy.

"Ni...ni" is always accompanied by "ne" before the conjugated verb.

B. **Remplissez les tirets avec la bonne conjonction.**

Fill in the blanks with the correct conjunctions.

1. Charlie _____ (and) le chat sont des amis.

2. Qui danse? Charlie _____ (or) le chat?

3. _____ (Neither) Charlie _____ (nor) le chat __ dansent.

4. Charlie est content _____ (but) fatigué.

5. Charlie __est _____ (neither) content _____ (nor) triste.

6. Où est tu? À l'école _____ (or) à la bibliothèque?

et, ou, ni...ni, donc, puis, car, parce que
and, or, neither...nor, therefore, then, since, because

Deux phrases: Le chat part.　The cat leaves.
La souris danse.　The mouse dances.

Le chat part **et** la souris danse.
The cat leaves and the mouse dances.

Le chat part **ou** la souris danse.
The cat leaves or the mouse dances.

Ni le chat ne part **ni** la souris **ne** danse.
Neither the cat leaves nor the mouse dances.

Le chat part **donc/puis/car/parce que** la souris danse.
The cat leaves therefore/then/since/because the mouse dances.

> *All conjunctions can link two sentences, but their meaning may change considerably depending on the conjunction!*

C.　Reliez les phrases avec la bonne conjonction.
Link the sentences with the correct conjunction.

1.　Je mange.　J'ai faim. (because)

_____

2.　Tu chantes.　Tu danses. (and)

_____

3.　Nous avons raison.　Nous sommes intelligents. (since)

_____

4.　Je mange mon déjeuner.　Je me brosse les dents. (then)

_____

Expressions

En anglais : In English	En français : In French
"Why...?" "Because..."	« Pourquoi...? » *poor·kwah* « Parce que... » *pahrs kuh*

* When "parce que" is followed by a word starting with a vowel, it becomes "parce qu'".

Pourquoi est-ce que tu danses?
poor·kwah ehs·kuh tew daans
Why are you dancing?

Parce que je suis content!
pahrs kuh juh swee kohn·taan
Because I'm happy!

D. Répondez aux questions à l'aide des traductions.
Answer the questions with the help of the translations.

1. Pourquoi est-ce que tu manges?

   _____

   > Why do you eat?
   >
   > Because I'm hungry.

2. Pourquoi est-ce qu'il danse et elle pleure?

   _____

   > Why does he dance and she cry?
   > Because he's happy and she's sad.

3. Pourquoi est-ce que tu sommeilles?

   _____

   > Why do you take a nap?
   >
   > Because I'm tired and bored.

4. Pourquoi est-ce que nous étudions le français?

   _____

   > Why do we study French?
   >
   > Because it's beautiful.

5. Pourquoi est-ce que son chien aboie?

   _____

   > Why does his dog bark?
   >
   > Because it's angry.

Expressions

> **En anglais :**
> **In English**
>
> "Neither...nor..."
>
> "Either...or..."

> **En français :**
> **In French**
>
> « Ni...ni...(ne)... »
>
> « Ou...ou... »

> **Ou tu manges la crème glacée ou tu manges le chocolat.**
> *oo tew maanj lah krehm glah·seh oo tew maanj luh shoh·koh·lah*
>
> *You can eat either the ice cream or the chocolate.*

> **Je n'aime ni la crème glacée ni le chocolat!**
> *juh nehm nee lah krehm glah·seh nee luh shoh·koh·lah*
>
> *I like neither ice cream nor chocolate.*

E.   **Complétez les phrases à l'aide des traductions.**
Complete the sentences with the help of the translations.

1.   Ou je joue avec ma sœur _____ .
         or I go to the park with my brother

2.   Tu ne parles _____ .
         neither with your dog nor with your cat

3.   Ou vous êtes malades et vous restez à la maison _____ .
         or you go to school

4.   Ou ils nagent dans la piscine _____ .
         or they go to the beach

5.   Alice ne porte _____ .
         neither her glasses nor her hat

6.   Ni le chat n'aime le chien _____ .
         nor does the dog like the cat

F. Remplissez les tirets.
Fill in the blanks.

Julie _____ Marie aiment étudier
and

ensemble _____ elles sont de bonnes
because

amies. Marie va toujours chez Julie₁ _____
since

Julie habite₂ près de leur école. Julie a un chien _____ un chat. Son chien
and

est beau _____ il fait beaucoup de bruit₃. _____ Julie a l'habitude
but   *Therefore*

d'étudier avec de la musique. _____ le chien _____ Marie
Neither   *nor*

n'aiment sa musique. _____ la musique est très forte₄ _____ elle
Either   *or*

est triste. _____ chaque fois₅ que Marie joue de la musique, le chien
So

s'assoit₆ sur son livre _____
then

Marie commence à rire₇.

---

1. *chez Julie : at Julie's*
2. *habiter : to live*
3. *faire beaucoup de bruit : to make a lot of noise*
4. *fort(e) : loud*
5. *chaque fois : each time*
6. *s'assoir : to sit*
7. *commence à rire : starts to laugh*

La négation

The Negative

Vocabulaire : Les verbes en « -IR »

Révision : La négation

Grammaire : La conjugaison des verbes en « -IR »

Ne salissez pas mon lit!
nuh sah·lee·seh pah mohn lee
Don't dirty my bed!

A. Copiez les mots.
Copy the words.

choisir
to choose

_____

shwah·zeer

punir
to punish

_____

pew·neer

finir
to finish

_____

fee·neer

obéir
to obey

_____

oh·beh·yeer

bâtir
to build

_____

bah·teer

agir
to act

_____

ah·jeer

rougir
to blush

_____

roo·jeer

remplir
to fill

_____

raam·pleer

salir
to dirty

_____

sah·leer

nourrir
to feed

_____

noo·reer

avertir
to warn

_____

ah·vehr·teer

grandir
to grow

_____

graan·deer

B. Écrivez le verbe en « -IR » correspondant à chaque image.

Write the "-IR" verb that corresponds to each picture.

1.

2.

3.

_____ _____ _____

4.

5.

_____ _____

6.

7. **Attention!**

8.

_____ _____ _____

Les verbes en « -IR » du 2ᵉ groupe
"-IR" Verbs of the 2nd Group

Verb endings

singulier		pluriel	
je	-is	nous	-**iss**ons
tu	-is	vous	-**iss**ez
il/elle	-it	ils/elles	-**iss**ent

e.g.   Finir
Je fin**✗** ➔ fin-**is**

Je finis
I finish/I am finishing

> **Nous finissons nos repas!**
> *noo fee·nee·sohn noh ruh·pah*
> We finish our meals!

C. Conjuguez les verbes.
Conjugate the verbs.

1. Marguerite _____ (salir) le tapis.

2. Je _____ (finir) toujours mes légumes.

3. Les fleurs _____ (grandir) pendant le printemps.

4. Jacques _____ (agir) comme un singe.

5. Nous _____ (remplir) les bouteilles d'eau.

6. Vous _____ (obéir) toujours à vos parents.

7. Ils _____ (rougir) de colère.
                       koh·lehr
                       anger

8. Tu _____ (nourrir) l'oiseau au grain.

9. Elle _____ (choisir) souvent le rouge.

Les adverbes négatifs
Negative Adverbs

In French, two parts are needed to make a verb negative.

• « ne...pas » not	Je ne salis pas ma chambre. I don't dirty my room.
• « ne...jamais » never	Tu ne rougis jamais d'embarras. You never blush with embarrassment.
• « ne...plus » no more/not anymore	Vous ne nourrissez plus les oiseaux. You don't feed the birds anymore.
• « ne...nulle part » nowhere/not anywhere	Je ne vais nulle part. I don't go anywhere.

"Ne" comes before the conjugated verb and "pas, jamais, plus, nulle part, rien, etc." come after.

"Ne" becomes "n'" in front of a word that starts with a vowel.

le/la	l'
ne + vowel = n'	
je	j'

D. Mettez les phrases au négatif.
Put the sentences into the negative.

1. Il va à l'école. _____
   never

2. J'aime mon cousin. _____
   not

3. Tu finis tes devoirs. _____
   never

4. Tu remplis ton verre. _____
   not

5. Elle rougit de colère. _____
   no more

6. Vous choisissez votre famille. _____
   not

7. Nous bâtissons une maison. _____
   no more

8. J'avertis toujours mes amis. _____
   never

E. Cochez la phrase qui correspond à l'image.
Check the sentence that corresponds to each picture.

1.

○ Jean ne salit jamais ses vêtements.

○ Jean aime bâtir des maisons.

○ Jean ne bâtit plus la maison.

○ Jean n'aime pas bâtir des maisons.

2.

○ Jacqueline nourrit son chien.

○ Zoé ne remplit pas la tasse.

○ Zoé nourrit sa poupée.

○ Jacqueline nourrit Zoé.

3.

○ Olivier et Lucie remplissent les bols.

○ Lucie remplit son bol.

○ Lucie mange ses céréales.

○ Olivier finit ses céréales.

4.

○ Il nourrit l'oiseau.

○ Il obéit.

○ Il n'obéit pas.

○ L'oiseau finit son repas.

F. **Écrivez une phrase positive et négative pour chaque image avec la bonne forme du verbe indiqué.**

Write a positive and a negative sentence for each picture using the correct from of the indicated verb.

rougir

+ _____

− _____

remplir

+ _____

− _____

G. **Traduisez les phrases en français.**

Translate the sentences into French.

1. Monique is punishing her dog.

   _____

2. Claire and Marie are warning their brother.

   _____

3. Lucie chooses the blue dress.

   _____

4. We are building a house.

   _____

À l'épicerie

At the Grocery Store

Vocabulaire :   Les objets à l'épicerie

Grammaire :   Les expressions de quantité

> **J'ai besoin d'une boîte de céréales.**
> *jeh buh·zwahn dewn bwaht duh seh·reh·ahl*
> *I need a box of cereal.*

A.   Copiez les mots.
Copy the words.

un chariot a cart

_____

euhn shah·ryoh

un panier a basket

_____

euhn pah·nyeh

le prix the price

_____

luh pree

la caisse the cash register

_____

lah kehs

un sac a bag

_____

euhn sahk

la marque the brand

_____

lah mahrk

une épicerie a grocery store

_____

ewn eh·peess·ree

une promotion a sale

_____

ewn proh·moh·syohn

un cent a cent

_____

euhn saan

le caissier
the cashier

_____

luh keh·syeh

la caissière
the cashier

_____

lah keh·syehr

le reçu the receipt

un porte-monnaie
a change purse

_____

luh ruh·sew

_____

euhn pohrt moh·neh

les conserves (f.)
tinned food

_____

leh kohn·sehrv

l'achat (m.)
the purchase

_____

lah·shah

une liste d'achats
a shopping list

_____

ewn leest dah·shah

un produit
a product

_____

euhn proh·dwee

l'étagère (f.)
the shelf

_____

leh·tah·jehr

l'argent (m.)
money

_____

lahr·jaan

Les adjectifs   masculine   feminine

frais _____

fraîche _____

fresh

congelé _____

congelée _____

frozen

conservé _____

conservée _____

preserved

sec _____

sèche _____

dry

sucré _____

sucrée _____

sweet

salé _____

salée _____

salty

amer _____

amère _____

bitter

gratuit _____

gratuite _____

free

cher _____

chère _____

expensive

bon marché _____

bon marché _____

cheap

B. **Identifiez les objets dans les images.**
Identify the objects in the pictures.

1.

2.

3.

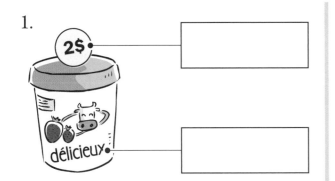

4.

C. **Remplissez les tirets avec les mots donnés.**
Fill in the blanks with the given words.

1. Le prix se trouve sur _____ .

2. Le caissier se trouve devant _____ .

3. L'argent est dans _____ .

4. Les produits se trouvent sur _____ .

5. Les achats se trouvent dans _____ .

le porte-monnaie

la caisse

le panier

les étagères

le reçu

N'oubliez pas!
Don't forget!

frais (m.) → fraîche (f.)
sec (m.) → sèche (f.)

- Feminine adjective = masculine adjective + "-e"
  e.g. un produit gratuit   ←— m.
        une pomme gratuite ←— f.

- Plural adjective = singular adjective + "-s"
  e.g. un produit gratuit   ←— singular
        des produits gratuits ←— plural

  If the singular adjective ends in "-s", it does
  not change in the plural.

Here are some exceptions.

un produit frais
des produits frais   } no change

D.   Utilisez le bon adjectif avec les noms suivants.
Use the correct adjectives with the following nouns.

1.   Ce sont des légumes (m.) _____ (fresh).

2.   Les fruits (m.) sont _____ (frozen).

3.   La marque est _____ (expensive).

4.   La robe est _____ (cheap).

5.   J'aime les biscuits (m.) _____ (salty).

6.   La crème glacée est _____ (sweet).

7.   Le chocolat noir est _____ (bitter).

8.   Les produits (m.) _____ (preserved) ne sont pas bons.

9.   Les fruits (m.) _____ (dry) sont _____ (salty).

La quantité
Quantity

When using these expressions, be sure to leave out the article of the noun that follows.

Examples:

une boîte de ~~les~~ céréales

une bouteille d'~~la~~ eau

...+ plural countable nouns

- une boîte de...
  ewn bwaht duh
  a box/tin/can of...

- un paquet/sac de...
  euhn pah·keh/sahk duh
  a packet/bag of...

Une boîte de sardines!

...+ singular uncountable nouns

- une tranche de...
  ewn traansh duh
  a slice of...

- un morceau de...
  euhn mohr·soh duh
  a piece of...

- un verre de...
  euhn vehr duh
  a glass of...

- une bouteille de...
  ewn boo·tey duh
  a bottle of...

- une miette de...
  ewn mee·yeht duh
  a crumb of...

- un bout de...
  euhn boo duh
  a bit of...

E. Remplissez les tirets avec la bonne expression de quantité.
Fill in the blanks with the correct expressions of quantity.

A un _____ de jus

B une _____ de pain

C un _____ de gâteau

D un _____ de biscuits

E une _____ de bonbons

F. **Décrivez la quantité de chaque objet.**
Describe the quantity of each object.

1.  le fromage

2.  le craquelin

3.  l'eau

_____ _____ _____

G. **Remplissez les tirets à l'aide des traductions pour obtenir la recette du Croque-Monsieur, un des plats français les plus populaires.**
Fill in the blanks to get the recipe of Croque-Monsieur, one of the most popular French dishes.

Recette : **Croque-Monsieur**

Ingrédients :

- 4 _____ (slices) de pain de mie$_1$

- 4 _____ (slices of cheese)

- 2 _____ (big slices) de jambon$_2$

- _____ (a bit of) poivre$_3$ et sel$_4$

- une cuillerée de beurre

1.	le pain de mie : sandwich bread
2.	le jambon : ham
3.	le poivre : pepper
4.	le sel : salt
5.	beurrer : to butter
6.	le four : the oven
7.	bon appétit : enjoy your meal

Préparation :

1. Coupez les tranches de jambon et fromage. Beurrez$_5$ les pains de mie.

2. Mettez les tranches de jambon et le fromage sur les pains beurrés.

3. Ajoutez du poivre et du sel.

4. _____ (finish) le travail en les plaçant au four$_6$ à 220°C pendant 10 minutes.

5. _____ (eat) votre Croque-Monsieur!

Bon appétit!$_7$

En ville

In the City

Vocabulaire : Les endroits en ville

Grammaire : La préposition « à »

« Aller » **au présent**

Nous allons à la plage.
noo zah·lohn ah lah plahj

We are going to the beach.

A. Copiez les mots.
Copy the words.

Les endroits

le magasin
the store

_____

luh mah·gah·zahn

l'hôtel
the hotel

_____

loh·tehl

l'aéroport
the airport

_____

lah·eh·roh·pohr

le restaurant
the restaurant

_____

luh rehs·toh·raan

le cinéma
the cinema

_____

luh see·neh·mah

le musée
the museum

_____

luh mew·zeh

le parc
the park

_____

luh pahrk

le marché
the market

_____

luh mahr·sheh

le lac
the lake

_____

luh lahk

le pont
the bridge

_____

luh pohn

le centre d'achats
the shopping centre

_____

luh saantr dah·shah

le monument
the monument

_____

luh moh·new·maan

Les endroits

l'école
school

_____

leh·kohl

la ville
the city

_____

lah veel

la bibliothèque
the library

_____

lah bee·blee·yoh·tehk

la maison
home

_____

lah meh·zohn

la plage
the beach

_____

lah plahj

la campagne
the countryside

_____

lah kaam·pahny

la tour
the tower

_____

lah toor

la rivière
the river

_____

lah ree·vyehr

la cabine téléphonique
the telephone booth

_____

lah kah·been teh·leh·foh·neek

B. **Complétez les phrases avec la préposition « à » suivie de l'endroit indiqué.**
Complete the sentences with the preposition "à" followed by the indicated places.

1. André regarde un film _____ .
   at the cinema

2. Benoît aime manger _____ .
   at the restaurant

3. Jacqueline étudie _____ .
   at school

4. La classe de Mme Legrand aime regarder

   les dinosaures _____ .
   at the museum

5. Nicolas et Amélie achètent un paquet de bonbons _____ .
   at the store

"*à*" means "at"

à + le = au
à + la = à la
à + les = aux

à + noun beginning = à l'
      with a vowel

C. Écrivez le nom de l'endroit en utilisant la construction « à + le nom de l'endroit ».

Write the name of the place using "à + name of the place".

 A

 B

C

 D

 E Bistro

 F

 G

 H

A _____ **B** _____

C _____ **D** _____

E _____ **F** _____

G _____ **H** _____

La préposition « à » et les endroits
The Preposition "à" and Places

In French, the preposition "à" is placed before the names of places. It can have different meanings depending on the context.

"à" means:

in	Marcel est **à la** cuisine. Marcel is in the kitchen.
at	Il fait froid **au** cinéma. It is cold at the movie theatre.
to	Je vais **à l'**école. I go/am going to school.

Aujourd'hui je reste au lit, je ne vais pas à l'école.
oh·joor·dwee juh rehst oh lee juh nuh veh pah zah leh·kohl

*Today, I stay **in** bed. I don't go **to** school.*

D. Remplissez les tirets en traduisant de l'anglais.
Fill in the blanks by translating from English.

1. Je _____ .
    eat at school

2. Elles _____ leurs devoirs _____ .
   finish   in/at the library

3. Vous _____ .
   are at the airport

4. Tu _____ .
   are at the beach

5. Il _____ .
   is hot in the park

6. Nous _____ .
   arrive at home

Aller (à)
To go (to)

When describing a movement to a destination, the verb "aller" is followed by "à" to mean "to go to a place".

aller **à** (un endroit)
*to go **to** (a place)*

"Aller" is an irregular verb. It is a verb of movement that means "to go".

singulier		pluriel	
Je vais *juh veh*	I go/am going	Nous allons *noo zah·lohn*	we go/are going
Tu vas *tew vah*	you go/are going	Vous allez *voo zah·leh*	you go/are going
Il/Elle va *eel/ehl vah*	he/she goes/is going	Ils/Elles vont *eel/ehl vohn*	they go/are going

E. Remplissez les tirets avec la bonne forme du verbe « aller » suivie de la préposition « à ».

Fill in the blanks with the correct form of the verb "aller" followed by the preposition "à".

1. Alice _____ magasin.

2. Je _____ l'école.

3. Alex et son chien _____ parc.

4. Vous _____ la campagne.

5. Nous _____ centre d'achats.

6. Tu _____ la maison.

7. Ils _____ l'hôtel.

8. Je _____ marché.

9. Toi et ta mère _____ l'épicerie.

Attention!

Other verbs of movement **toward** a place could be followed by "à":

arriver à: arrive **at**
monter à: climb up **to**
porter à: to take **to**

F. **Écrivez une phrase pour chaque image avec le verbe « aller (à) ».**
Write a sentence for each picture with the verb "aller (à)".

A _____

B _____

C _____

D _____

G. **Écrivez l'endroit où vous allez à chaque heure.**
Write where you go at the given times.

À 8 h 30, je _____ .

À 17 h, je _____ .

À 21 h, je _____ .

La cuisine

The Kitchen

Vocabulaire : Les objets de la cuisine

Grammaire : Les verbes en « -RE »

> **J'attends mon dîner.**
> *jah·taan mohn dee·neh*
> I'm waiting for my lunch.

A. Copiez les mots.
Copy the words.

le grille-pain
the toaster

_____

luh greey pahn

la poêle
the frying pan

_____

lah pwahl

la bouilloire
the kettle

_____

lah boo·ywahr

A le réfrigérateur

_____

luh reh·free·jeh·rah·tuhr

B la hotte

_____

lah oht

C le micro-ondes

_____

luh mee·kroh·ohnd

D le placard

_____

luh plah·kahr

E le tiroir

_____

luh tee·rwahr

F la cuisinière

_____

lah kwee·zee·nyehr

G le four

_____

luh foor

H la cafetière

_____

lah kahf·tyehr

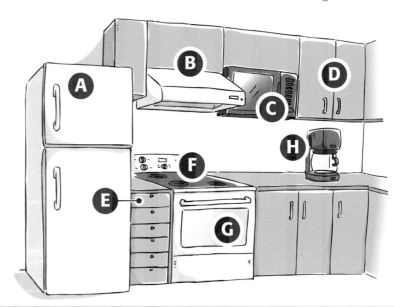

la table
the table

_____

lah tahbl

un bol
a bowl

_____

euhn bohl

la chaise
the chair

_____

lah shehz

un verre
a glass

_____

euhn vehr

le napperon
the tablemat

_____

luh nahp·rohn

une serviette
a napkin

_____

ewn sehr·vyeht

P une fourchette

_____

ewn foor·sheht

R un couteau

_____

euhn koo·toh

Q une assiette

_____

ewn ah·syeht

S une cuillère

_____

ewn kwee·yehr

B. Écrivez le nom de chaque objet.
Write the name of each object.

1.

_____

2.

_____

3.

_____

4.

_____

5.

_____

6.

_____

7.

_____

8.

_____

9.

_____

C. Reliez les mots qui vont ensemble.

Link the words that go together best.

une chaise •   • une fourchette

un couteau •   • une assiette

un napperon •   • une table

un bol •   • la hotte

la cuisinière •   • une serviette

D. Remplissez les tirets à l'aide des images.

Fill in the blanks with the help of the pictures.

1. Nous remplissons le _____ de nourriture.

2. Je bois du lait au chocolat d'un _____ .

3. Mon grand-père bâtit une _____ pour la cuisine.

4. Paul remplit son _____ .

5. Simon finit son dîner avec sa _____ .

6. Il nourrit son petit frère avec une _____ .

Les verbes régulier en « -RE » au présent
Regular "-RE" Verbs in the Present Tense

Verb endings

singulier		pluriel	
je	-s	nous	-ons
tu	-s	vous	-ez
il/elle	--	ils/elles	-ent

e.g. je + attendre to wait

↓

attendre

↓ + s

j'attends

J'attends.
I'm waiting.

Quelques verbes en « -RE » :
Some "-RE" verbs:

descendre	*to go down*
attendre	*to wait*
entendre	*to hear*
répondre	*to answer*
vendre	*to sell*
perdre	*to lose*
rendre	*to return*
mordre	*to bite*

E.   Conjuguez les verbes. Ensuite remplissez les tirets.
Conjugate the verbs. Then fill in the blanks.

	entendre	répondre	rendre	mordre	descendre
je					
tu					
il/elle					
nous					
vous					
ils/elles					

1.   J' _____ le train.
     to wait

2.   Nous _____ la hotte.
     to hear

3.   Tu _____ au téléphone.
     to answer

4.   Mon chien ne _____ pas.
     to bite

F. **Lisez l'histoire et remplissez les tirets en conjuguant les verbes donnés.**
Read the story and fill in the blanks with the conjugated form of the given verbs.

Chaque jour, Brigitte _____ l'escalier et entre dans la cuisine.
descendre

Elle _____ son déjeuner et elle _____ l'autobus devant
finir   attendre

sa maison. Quand elle est à l'école, Brigitte _____ à la bibliothèque
aller

et elle _____ ses livres. Au dîner, elle va à la cafétéria où ils
rendre

_____ beaucoup de nourriture. Brigitte achète une pomme.
vendre

Elle _____ dans sa pomme
mordre

et _____ sa dent. Oh, la, la!
perdre

Voilà la journée de Brigitte!

G. **Relisez l'histoire et remplissez les tirets.**
Reread the story and fill in the blanks.

1. Brigitte rend _____ à _____ .

2. Au dîner, elle va _____ .

3. Elle achète _____ .

4. Elle _____ dans sa pomme.

5. Elle _____ sa dent.

H. Encerclez la bonne réponse et remplissez le tiret avec la bonne forme du verbe.

Circle the correct sentence and fill in the blank with the correct form of the verb.

1.

Louis (vendre)...

A. _____ des conserves.

B. _____ de la limonade.

C. _____ ses jouets.

2.

Élodie et sa mère (attendre)...

A. _____ le train.

B. _____ le médecin.

C. _____ l'autobus.

3.

Tu (descendre)...

A. _____ l'escalier.

B. _____ la montagne.

C. _____ la rivière.

4.

Elle (répondre)...

A. _____ à sa mère.

B. _____ au téléphone.

C. _____ aux questions.

La révision 1

La révision
- Les salutations
- Les nombres : de 1 à 100
- Les adjectifs possessifs
- Les conjonctions
- La négation
- À l'épicerie
- En ville
- La cuisine

A. Écrivez les mots à la bonne place.
Write the words in the correct spaces.

| beaucoup | et | je vais bien | ses | mais | bonjour |
| comment allez-vous | | réussit | mon | ou | ma |

A   **B**   **C**   **D** Parc

A Olivier parle avec son professeur Mme Martin.

Olivier :   « _____ , Mme Martin, _____ ? »

Mme Martin : « _____ , merci, Olivier. »

B Claire est en sixième année.   Elle étudie _____ et elle

_____ à ses examens.

C Voici Mathilde et _____ animaux domestiques.

« _____ chien s'appelle Charlie et _____ chatte Fifi »,
dit-elle.

D Nous allons toujours au parc _____ au cinema. _____

nous n'allons jamais au musée _____ à la plage.

---

cuillère	porte-monnaie		ville	obéit	bol	table
restaurant	agit	à l'épicerie	cents	le placard		cinéma

E Bruno a une punition. Il _____ très mal en classe. Il n'_____ jamais au professeur.

F Moi et ma mère sommes _____ . J'ai mon _____ avec dix _____ dedans.

G Chaque vendredi nous allons en _____ , voir un film au _____ . Souvent, nous dînons au _____ .

H La boîte de céréales est dans _____ . Je cherche mon _____ et ma _____ . Ensuite je me mets à _____ .

B. Écrivez vrai ou faux.
Write true or false.

1. On dit « Bon après-midi » à 13 h 30. _____

2. On garde l'argent dans la caisse. _____

3. On ne trouve jamais de magasins dans les centres d'achats. _____

4. On lave la poêle dans l'évier. _____

5. Quatre-vingts est moins grand que quarante. _____

6. Les bonbons ne sont pas sucrés. _____

C. Remplacez le mot anglais avec le bon mot français.
Replace the English word with the correct French word.

_1._____ , je m'appelle Angélique.

Aujourd'hui, je _2._____ . Ma mère me

donne soixante quinze dollars _3._____ une

liste d'achats. Je mets la liste et _4._____

dans mon portefeuille puis j'attends l'autobus

devant ma maison. Quand l'autobus arrive en ville,

je _5._____ à l'arrêt le plus près possible de l'épicerie. Je cherche

partout _6._____ mais je ne les trouve pas _7._____ je prends

_8._____ . À l'épicerie, il y a _9._____ d' _10._____

remplies de _11._____ . Je regarde _12._____ et je _13._____

mon panier avec ce dont j'ai besoin : des fruits _14._____ , des légumes

_15._____ , des pâtes et du poisson _16._____ . Je _17._____

aussi des bonbons bien _18._____ . Je vais à _19._____ parce que j'ai

tout sur ma liste. _20._____ est très élevé! Ça coûte 75,89 $ et je n'ai que

75 $. Je _21._____ de rendre les bonbons. Ça y est, j'ai _22._____

d'argent! _23._____ me rends cinq _24._____ et _25._____ .

---

1. Hello	2. to go to the grocery store	3. and	4. the money
5. to go down	6. the carts	7. therefore	8. a basket
9. a lot	10. shelves	11. products	12. my grocery list
13. to fill	14. dry	15. frozen	16. fresh
17. to take	18. sweet	19. the cash register	20. the price
21. to choose	22. enough	23. the woman cashier	24. cents
25. my bags			

D. Remettez le texte dans le bon ordre.
Put the events from the text in order.

1. Elle prend un panier.
2. La caissière donne les sacs et cinq cents à Angélique.
3. Elle rend les bonbons parce qu'elle n'a pas assez d'argent pour son achat.
4. Angélique se présente.
5. Elle regarde sa liste d'achats.
6. Elle prend l'autobus à l'épicerie.

_____

_____

_____

_____

_____

E. Encerclez la quantité dans l'image.
Circle the quantity shown.

A un morceau / une miette
...de gâteau

B une boîte / une tranche
...de craquelins

C une bouteille / un morceau
...de fromage

D un verre / une bouteille
...de jus

E des miettes / une boîte
...de pain

F un bout / un sac
...de bonbons

F. **Mettez la bonne lettre dans le cercle.**
Put the correct letter in the circle.

Nous nageons...   ( )

Un reçu est...   ( )

Une tour se trouve...   ( )

« Pas assez » veut dire...   ( )

Chaque produit a...   ( )

Comment allez-vous?   ( )

Ni Jean, ni Luc...   ( )

Comment t'appelles-tu?   ( )

Je rends mes livres...   ( )

Ça coûte trop cher.   ( )

Ça va?   ( )

A Je m'appelle Zoé.

B ne répondent au téléphone.

C Comme çi, comme ça.

D une liste de vos achats.

E C'est trop cher.

F dans une ville.

G trop peu.

H Bien, merci.

I à la bibliothèque.

J dans le lac.

K une marque.

G. Rayez l'intrus.
Cross out the word that does not belong.

1.	mes	2.	À demain!	3.	beaucoup
	mon		Adieu!		jamais
	ta		À la prochaine!		trop
	ma		Bonjour!		assez

4.	choisissons	5.	une miette	6.	attendre
	obéissons		un chariot		mordre
	finissons		un panier		vendre
	rougissez		un sac		remplir

H. Reliez les mots qui conviennent.
Join the words that go together.

1. le sac à lui •   • l'argent

2. pourquoi •   • un bol

3. un cent •   • son sac

4. la caisse •   • le lac

5. la rivière •   • un chariot

6. une assiette •   • parce que

7. entendre •   • écouter

8. un panier •   • le caissier

Sports

Vocabulaire :   Les sports et les équipements

Révision :   Les articles partitifs (du, de la, de l', des)

Grammaire :   Le verbe « faire »

Expressions :   « Faire de » / « jouer à » avec les sports

> **Nous jouons au volley-ball.**
> *noo joo·ohn oh voh·lee·bohl*
> *We are playing volleyball.*

A. Copiez les mots.
Copy the words.

le soccer

luh soh·ker

le ballon   the ball

luh bah·lohn

le tennis

luh teh·neess

la balle de tennis   the tennis ball

lah bahl duh teh·neess

le football américain

luh foot·bohl ah·meh·ree·kahn

le terrain   the field

luh teh·rahn

le golf

luh gohlf

le club   the club

luh kleuhb

le basket-ball

luh bahs·keht·bohl

le panier   the basket

luh pah·nyeh

le hockey

luh oh·keh

la rondelle   the puck

lah rohn·dehl

le volley-ball A

luh voh·lee·bohl

le filet the net

luh fee·leh

le ski B

luh skee

les bâtons de ski ski poles

leh bah·tohn duh skee

le patinage C

luh pah·tee·nahj

les patins à glace ice-skates

leh pah·tahn ah glahs

la lutte D

lah loot

le matelat the mat

luh maht·lah

le vélo E

luh veh·loh

le casque the helmet

luh kahsk

la boxe F

lah bohks

les gants de boxe
boxing gloves

leh gaan duh bohks

la gymnastique G

luh jeem·nahs·teek

la poutre
the balance beam

lah pootr

la natation H

lah nah·tah·syohn

le costume de bain
the bathing suit

luh kohs·tewm duh bahn

le base-ball I

luh behz·bohl

le bâton de base-ball
the baseball bat

luh bah·tohn duh behz·bohl

B. **Écrivez le nom du sport correspondant à chaque équipement.**
Write the name of the sport corresponding to each piece of equipment.

1.

_____

2.

_____

3.

_____

4.

_____

5.

_____

6.

_____

7.

_____

8.

_____

9.

_____

10.

_____

« Faire » et « jouer » au présent
"To Do" and "To Play" in the Present Tense

"Faire" means "to do" and it is used with sports that are "not played", such as: skiing, swimming and biking. "Faire" is an irregular verb that needs to be memorized.

"Jouer" means "to play" and it is used with sports that are "played", such as: basketball, football, hockey and golf.

faire + de* to do		jouer + à* to play	
singulier	**pluriel**	**singulier**	**pluriel**
je fais I do *juh feh*	nous faisons we do *noo feh·zohn*	je joue I play *juh joo*	nous jouons we play *noo joo·ohn*
tu fais you do *tew feh*	vous faites you do *voo feht*	tu joues you play *tew joo*	vous jouez you play *voo joo·eh*
il/elle fait he/she does *eel/ehl feh*	ils/elles font they do *eel/ehl fohn*	il/elle joue he/she plays *eel/ehl joo*	ils/elles jouent they play *eel/ehl joo*

* The preposition "de" is used with "faire" when it means "to do a sport".

e.g. Il fait de la natation.
He swims/is swimming.

* The preposition "à" is used with "jouer" when it means "to play a sport".

e.g. Elle joue au basket-ball.
She plays/is playing basketball.

C. **Écrivez la bonne forme du verbe selon le sujet.**
Write the correct form of the verb according to the subject.

« Faire de »

Je _____ du ski.

Tu _____ de la boxe.

Il _____ de la natation.

Elle _____ de la lutte.

Nous _____ de la gymnastique.

Vous _____ du vélo.

Ils/Elles _____ du patinage.

« Jouer à »

Je _____ au soccer.

Tu _____ au tennis.

Il _____ au basket-ball.

Elle _____ au base-ball.

Nous _____ au volley-ball.

Vous _____ au hockey.

Ils/Elles _____ au golf.

D. **Écrivez une phrase complète en utilisant le bon verbe « jouer à/faire de ».**
Write a complete sentence using the correct verb "jouer à/faire de".

1. Elles / la boxe

   _____

2. Marie / le patinage

   _____

3. Vous / le hockey

   _____

4. Bruno et Daniel / le tennis

   _____

5. Tu / le basket-ball

   _____

6. Ils / la lutte

   _____

7. Il / le golf

   _____

8. Pierre et Martin / le soccer

   _____

   _____

E. **Remplissez les tirets pour compléter le journal de Thérèse.**
Fill in the blanks to complete Thérèse's diary entry.

Cher journal, $_1$

J'en _____ assez$_2$! Chaque samedi,
　　　　to have

je me _____ à 7 h 30. À 8 h 30 je
　　to wake up: reveiller

_____ ; à 9 h 30 moi et mon père,
　　to swim

nous _____ . Heureusement$_3$ nous
　　to play golf

_____ le dîner à 11 h 30 pile$_4$,
　　to eat

mais tout recommence$_5$ à 12 h quand$_6$ je

_____ avec l'équipe de basket. À 14 h
　　to play basketball

je _____ à la télévision et à 16 h
　　to watch boxing

nous _____ les courses$_7$ avec ma
　　to do

mère. À 18 h, quand mes parents _____ le souper, moi et ma sœur
　　　　　　　　　　　　　　to prepare: préparer

_____ aux cartes$_8$. À 19 h 30 nous _____ le souper et après
　　to play　　　　　　　　　　　　　　to eat

20 h je ne me souviens plus$_9$ car je m'endors$_{10}$ sur le canapé. Cher journal, j'en ai

assez! Je _____ fatiguée!
　　　　to be

Mes samedis sportifs
My sports-full Saturdays

8 h	le déjeuner
8 h 30	la natation
9 h 30	le golf avec mon père
11 h 30	le dîner avec la famille
12 h	le basket-ball avec l'équipe
14 h	regarder la boxe
16 h	faire les courses
18 h	jouer aux cartes
20 h	——— ?! ———

Quel jour!
What a day!

1. Cher journal : *Dear diary*
2. en avoir assez : *to be fed up*
3. heureusement : *luckily*
4. à 11 h 30 pile : *at exactly 11:30*
5. tout recommence : *everything starts again*
6. quand : *when*
7. faire les courses : *to do the shopping*
8. jouer aux cartes : *to play cards*
9. je ne me souviens plus : *I don't remember anymore*
10. je m'endors : *I fall asleep*

Au restaurant

At the Restaurant

Vocabulaire : Le menu et les plats

Grammaire : Le futur proche

Expressions : « Aller + prendre »

Nous allons prendre une salade verte.
noo zah·lohn praandr ewn sah·lahd vehrt

We are going to have a green salad.

A. Copiez les mots.
Copy the words.

Le menu _____
The Menu   *luh muh·new*

les entrées
appetizers

_____
leh zaan·treh

la salade
salad

_____
lah sah·lahd

la soupe
soup

_____
lah soop

le fromage
cheese

_____
luh froh·mahj

les plats principaux
main courses

_____
leh plah prahn·see·poh

les pâtes
pasta

_____
leh paht

la viande
meat

_____
lah vee·aand

la volaille
poultry

_____
lah voh·lahy

le pain
bread

_____
luh pahn

les fruits de mer
seafood

_____
leh frwee duh mehr

le riz
rice

_____
luh ree

la pomme de terre
potato

_____
lah pohm duh tehr

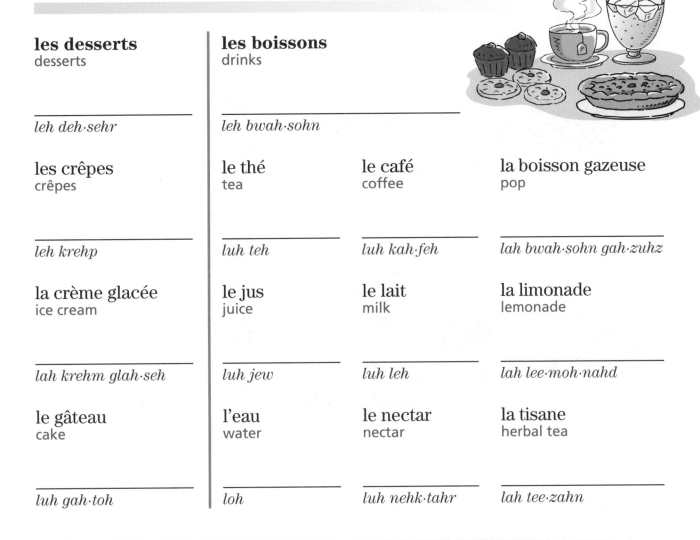

les desserts
desserts

_____
leh deh·sehr

les crêpes
crêpes

_____
leh krehp

la crème glacée
ice cream

_____
lah krehm glah·seh

le gâteau
cake

_____
luh gah·toh

les boissons
drinks

_____
leh bwah·sohn

le thé
tea

_____
luh teh

le jus
juice

_____
luh jew

l'eau
water

_____
loh

le café
coffee

_____
luh kah·feh

le lait
milk

_____
luh leh

le nectar
nectar

_____
luh nehk·tahr

la boisson gazeuse
pop

_____
lah bwah·sohn gah·zuhz

la limonade
lemonade

_____
lah lee·moh·nahd

la tisane
herbal tea

_____
lah tee·zahn

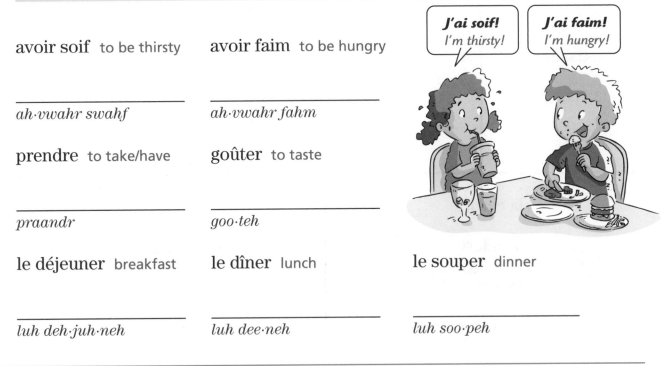

avoir soif to be thirsty

_____
ah·vwahr swahf

prendre to take/have

_____
praandr

le déjeuner breakfast

_____
luh deh·juh·neh

avoir faim to be hungry

_____
ah·vwahr fahm

goûter to taste

_____
goo·teh

le dîner lunch

_____
luh dee·neh

J'ai soif!
I'm thirsty!

J'ai faim!
I'm hungry!

le souper dinner

_____
luh soo·peh

B. Écrivez le nom des objets.
Write the names of the objects.

A _____

B _____

C _____

D _____

P _____

Q _____

R _____

S _____

T _____

C. Rayez ce qui n'appartient pas au groupe.
Cross out the item that does not belong to the group.

1.	le thé	2.	les pâtes	3.	le déjeuner
	la tisane		la soupe		le dîner
	la viande		la volaille		le nectar
	l'eau		le gâteau		le souper

4.	la carotte	5.	le nectar
	le céleri		le lait
	le pain		la limonade
	la pomme de terre		le jus

Aller + infinitif = futur proche
To Go + Infinitive = Near Future

Aller	Infinitif	
Je vais	prendre...	I **am going** to have...
Tu vas	danser...	You **are going** to dance...
Il/Elle va	parler...	He/She **is going** to talk...
Nous allons	finir...	We **are going** to finish...
Vous allez	courir...	You **are going** to run...
Ils/Elles vont	perdre...	They **are going** to lose...

Je vais finir mes devoirs.
juh veh fee·neer meh duh·vwahr
I am going to finish my homework.

D. Faites passer les phrases du présent en futur proche. Ensuite traduisez les phrases en anglais.

Change the sentences from present tense to near future. Then translate them into English.

1. Je joue au tennis.

   Je vais _____ .

   En anglais : _____

2. Tu finis tes devoirs.

   _____

   En anglais : _____

3. Marie descend l'escalier.

   _____

   En anglais : _____

4. Nous nageons tous les jours.

   _____

   En anglais : _____

5. Vous dansez très bien.

   _____

   En anglais : _____

6. Tu goûtes le café.

   _____

   En anglais : _____

Expressions

"Futur proche" is used for ordering food in a restaurant.

En anglais :
In English

to order food:
"I am going to have..."
(near future)

En français :
In French

pour commander :
« Je vais prendre... »
(futur proche)

Je vais prendre la soupe aux légumes.
juh veh praandr lah soop oh leh·gewm

I am going to have the vegetable soup.

E. **Regardez les cartes et écrivez ce que chacun va prendre.**
Look at the orders and write what each person is going to have.

A **Je**

la soupe du jour
la salade verte
le croque-monsieur

B **Tu**

du jus d'orange
la crêpe
le riz
le yogourt

C **Nous**

des œufs
une salade
des fèves
du café

D **Elles**

un café
du lait
des crêpes au chocolat

E **Il**

la salade niçoise
du jus
du pain

F **Elle**

une tisane
une tranche de gâteau

A Je vais prendre _____

_____

B _____

_____

C _____

_____

D _____

_____

E _____

_____

F _____

_____

F.   Regardez le menu et commandez votre repas.
Look at the menu and place your order in French.

Le menu

les entrées :
la salade verte
la soupe du jour
le fromage chèvre chaud₁

les plats :
le steak-frites₂
les pâtes à l'italienne₃
le croque-monsieur

les desserts :
la tarte aux fraises
la crème glacée
la crêpe au sucre₄

---

le serveur :   Qu'est-ce que vous allez prendre Monsieur/Madame?

Je : _____

_____

le serveur :   Est-ce que vous allez prendre un dessert aussi?

Je : _____

_____

1. chaud(e) : hot   2. les frites : chips
3. à l'italienne : Italian-style   4. le sucre : sugar

La santé

Health

Vocabulaire : La santé

Grammaire : Le comparatif et le superlatif

> ***Vous êtes la médecin la plus gentille au monde!***
> *voo zeht lah mehd·sahn lah plew jaan·teey oh mohnd*
>
> *You are the nicest doctor in the world!*

A. Copiez les mots.
Copy the words.

la maladie
illness

_____

lah mah·lah·dee

la fièvre
fever

_____

lah fyehvr

la toux
cough

_____

lah too

la coupure
cut

_____

lah koo·pewr

la blessure
injury

_____

lah bleh·sewr

le sang
blood

_____

luh saan

le pansement
bandage

_____

luh paans·maan

le thermomètre
thermometer

_____

lah tehr·moh·mehtr

la piqûre
injection/shot

_____

lah pee·kewr

le stéthoscope
stethoscope

_____

luh steh·tohs·kohp

les médicaments
medication

_____

leh meh·dee·kah·maan

la pilule
pill

_____

lah pee·lewl

le/la médecin
the doctor (male/female)

_____

luh/lah mehd·sahn

le/la malade
the patient (male/female)

_____

luh/lah mah·lahd

l'infirmier (m.)
nurse (male)

_____

lahn·feer·myeh

l'infirmière (f.)
nurse (female)

_____

lahn·feer·myehr

l'hôpital
hospital

_____

loh·pee·tahl

l'ambulance (f.)
the ambulance

_____

laam·bew·laans

la pharmacie
the pharmacy

_____

lah fahr·mah·see

avoir mal à... to hurt/have a pain in... _____	avoir mal à + partie du corps	**e.g. Avoir mal...** • aux genoux • à la main • au pied

J'ai mal au ventre. I have a stomachache.

_____

jeh mahl oh vaantr

Tu as mal à la tête. You have a headache.

_____

tew ah mahl ah lah teht

Elle a mal aux dents. She has a toothache.

_____

ehl ah mahl oh daan

Il a mal à la gorge. He has a sore throat.

_____

eel ah mahl ah lah gohrj

B. **À l'aide de la deuxième phrase, écrivez une phrase complète décrivant là où chaque personne a mal et traduisez-la.**

With the help of the second sentence, write a complete sentence describing where each person has a pain and then translate it.

1.

Guillaume _____ .

Il a besoin d'un dentiste.

En anglais : _____

2.

Lisa _____ .

Elle a besoin des médicaments.

En anglais : _____

3.

Benjamin _____ .

Il a besoin d'un médecin.

En anglais : _____

C. **Complétez les phrases en reliant les deux parties.**

Complete the sentences by matching the two parts.

J'achète des médicaments de •

Le médecin fait des piqûres •

L'infirmière met un pansement sur •

La malade a de la fièvre; il va à •

• au malade.

• ma blessure.

• l'hôpital.

• la pharmacie.

• un thermomètre.

Le comparatif
The Comparative

−	moins...que...	*less...than...*
+	plus...que...	*more...than...*
=	aussi...que...	*as...as...*

- Marc est **moins** fort **que** Pierre.
  Marc is less strong than Pierre.

- Pierre est **plus** fort **que** Marc.
  Pierre is stronger than Marc.

- Marc est **aussi** fort **que** Jean.
  Marc is as strong as Jean.

Pierre   Jean   Marc

Attention!

très* + adj. = very + adj.

*"Très" is an adverb that intensifies adjectives when accompanying them.

e.g.   Alice est malade.   Marie est très malade.
       Alice is sick.   Marie is very sick.

"Moins, plus, aussi" go before the adjective and "que" always goes after.

moins
plus   + adjective + que...
aussi

D. Combinez les deux phrases en utilisant le comparatif.
Combine the two sentences using the comparative.

1. Alice est gentille. Marie est très gentille.

   Marie est _____ gentille _____ Alice.

2. Marie est contente. Julie est très contente.

   Julie est _____ .

3. Ma cousine est grande. Mon cousin est petit.

   Mon cousin est _____ .

4. Mon père est fort. Mon oncle est fort aussi.

   Mon oncle est _____ .

5. Caroline est petite. Sa sœur est très petite.

   Sa sœur est _____ .

Le superlatif
The Superlative

| le/la plus... | the most... |
| le/la moins... | the least... |

The superlative is an adjective that describes the "most", "best", "smallest", etc. in a group. It is always preceded by "le/la" just like it is preceded by "the" in English.

- Pierre et Henri sont forts.
  Pierre and Henri are strong.

- André est très fort.
  André is very strong.

- André est plus fort que Pierre et Henri.
  André is stronger than Pierre and Henri.

- André est le plus fort.
  André is the strongest.

- Henri est le moins fort.
  Henri is the least strong.

le/la + plus / moins + adj. (m./f.)

The adjectives still have to agree in gender and number with the nouns they describe.

E. Combinez les deux phrases en utilisant le superlatif.

Combine the two sentences using the superlative.

1. Les étudiantes sont contentes. La professeure est très contente.

   La professeure est _____ contente.

2. Alex et Paul sont gentils. Leur père est très gentil.

   Leur père est _____ .

3. Les infirmières sont fatiguées. La malade est très fatiguée.

   La malade est _____ .

4. Marie est intelligente. Ses amis sont moins intelligents.

   Marie est _____ .

5. Tu es fort. Ton père et ton oncle sont plus forts que toi.

   Tu es _____ .

F. Remplissez les tirets avec la bonne forme du comparatif/superlatif.
Fill in the blanks with the correct comparative/superlative forms.

Pierre et Martin sont des frères mais ils sont _____ différents.

very

Pierre a des cheveux _____ foncés _____ Martin et il est

more than

_____ grand _____ lui. Pierre est _____ âgé₁ _____

less than more than

Martin de deux ans mais il est beaucoup _____ espiègle₂ _____

more than

Martin. En fait₃, il est l'étudiant _____ prudent₄ de sa classe. Il aime

the least

le sport _____ dangereux : le skate-board. Donc, il se blesse₅ toujours

the most

_____ _____ les autres₆. La mère de Pierre et Martin est

more than

_____ gentille mère au monde₇.

the most

Chaque jour, elle met₈ des médicaments sur

ses blessures. Martin, qui₉ est _____

as

gentil _____ leur mère, est toujours

as

_____ inquiet₁₀ pour Pierre. Il s'attend

very

toujours au pire₁₁.

1. âgé(e) : *old, aged*	2. espiègle : *playful*
3. en fait : *in fact*	4. prudent(e) : *careful*
5. se blesser : *to hurt oneself*	6. les autres : *others*
7. au monde : *in the world*	8. mettre : *to put*
9. qui : *who*	10. inquiet ; inquiète : *worried*
11. le/la pire : *the worst*	

La question : partie un

Questions: Part One

Vocabulaire : Les adjectifs interrogatifs
(qui, que, quand)

Grammaire : Poser la question avec
« Est-ce que... »

> **Qu'est-ce que tu veux, Charlie?**
> *kehs kuh tew vuh shar·lee*
> What do you want, Charlie?

> **Ouah, ouah!**
> *ooah ooah*
> Woof, woof!

A. Copiez les mots.
Copy the words.

Est-ce que...?
Do...? (introduces YES/NO questions)

_____

ehs kuh

> **Est-ce que tu aimes le soccer?**
> *ehs kuh tew ehm luh soh·kehr*
> Do you like soccer?

qui
who (person)

_____

kee

que
what (thing)

_____

kuh

Qui est-ce qui...?
Who...?

_____

kee ehs kee

Qu'est-ce que...?
What...?

_____

kehs kuh

> **Qui est-ce qui entend le chien?**
> Who hears the dog?

> **Qu'est-ce que tu aimes faire?**
> What do you like to do?

Quand est-ce que...?
When...?

_____

kaan ehs kuh

> **Quand est-ce que nous mangeons?**
> When are we eating?

Poser la question avec « Est-ce que... »

Asking a Question with "Est-ce que..."

"Est-ce que" is added to the beginning of a sentence to make a Yes/No question. It is called a Yes/No question because the answer always starts with yes or no.

Tu vas à l'école. You are going to school.

Q : **Est-ce que** tu vas à l'école? Are you going to school?

R : **Oui,** je vais à l'école. Yes, I am going to school.

Ils mangent du gâteau. They are eating cake.

Q : **Est-ce qu'**ils mangent du gâteau?
Are they eating cake?

R : **Non**, ils **ne** mangent **pas** du gâteau.
No, they are not eating cake.

que + vowel = qu'

Est-ce qu'elle parle?
Est-ce que tu parles?

B. Transformez les phrases en questions avec « Est-ce que » et donnez la réponse.

Change the sentences into questions using "Est-ce que" and give the answers.

1. Ils attendent l'autobus.

   _____

   Non, _____

Another way of asking a question is to raise your voice at the end of the sentence.

2. Nous répondons aux questions.

   _____

   Oui, _____

3. Guillaume aime jouer au golf.

   _____

   Oui, _____

voice raises

Tu prends le métro?
You're taking the subway?

Grammaire

To ask a more specific question, you must first identify whether the person, place, or thing (noun) is the subject or the object of the sentence.

Marie mange **une pomme**.
subject   object

Marie is eating an apple.

Le chien mange **une pomme**.
subject   object

The dog is eating an apple.

Subject

- **Qui est-ce qui** mange?
  Who (person) is eating?

- **Qu'est ce qui** mange?
  What (thing) is eating?

Object

- **Qu'est-ce que** Marie mange?
  What is Marie eating?

- **Qu'est-ce que** le chien mange?
  What is the dog eating?

These two expressions always come at the beginning of the sentence.

C. **Indiquez le rôle des mots soulignés dans la phrase. Ensuite posez une question à propos de ces mots.**

Indicate the role of the underlined words in the sentence. Then ask a question about those words.

A <u>Mon chien</u> a un jouet.

B Alice commande <u>son repas</u>.

C J'attends <u>mon ami</u>.

D <u>Caroline</u> rend le vidéo.

E Tu écoute <u>la radio</u>.

F <u>Vous</u> parlez ensemble.

	rôle	question
A	_____	_____
B	_____	_____
C	_____	_____
D	_____	_____
E	_____	_____
F	_____	_____

D. Écrivez les adverbes interrogatifs au bon endroit.
Write the interrogative adverbs in the correct place.

Qui est-ce que   **Qu'est-ce que**

Est-ce que   **Quand est-ce que**

1.

_____ tu aimes manger le plus?
What do you like eating the most?

_____ nous allons à la piscine?
When are we going to the pool?

2.

_____ j'imite?
Who am I immitating?

_____ tu es un singe?
Are you a monkey?

E. Jouons aux devinettes! Complétez les questions ainsi que les réponses.
Let's guess some riddles! Complete the questions as well as the answers.

1. Q : _____ c'est un animal?   R : Oui, _____
   Is it an animal?   Yes, it is an animal.

2. Q : _____ il mange?   R : Il mange des carottes.
   What does it eat?   It eats carrots.

3. Q : _____ un lapin?   R : Bravo! C'est un lapin.
   Is it a rabbit?   Yes, it's a rabbit.

F. Posez des questions qui ont les mots soulignés comme réponse.

Form questions that ask about the underlined words.

With "Qui est-ce qui (who)" the verb is always conjugated in third person singular (il/elle).

e.g.

<u>Les garçon**s**</u> mang**ent**.

Q : Qui est-ce qui mange (sg.)?

1. André marche dans la forêt <u>aujourd'hui</u>. (when)

   _____

2. Nous regardons <u>le soccer</u> à la télévision. (what)

   _____

3. <u>Marie et Léon</u> parlent au téléphone. (who)

   _____

4. Ils perdent leur temps. (yes/no question)

   _____

5. Vous allez prendre le train <u>demain</u>. (when)

   _____

6. <u>L'homme</u> vend de la limonade. (who)

   _____

7. Nous attendons <u>la pluie</u>. (what)

   _____

G. **Remplissez les tirets pour compléter le texte. Ensuite répondez aux questions ci-dessous.**

Fill in the blanks to complete the text. Then answer the questions below.

*1.*_____ tu dessines Antoine?
What are you drawing, Antoine?

*2.*_____ tu penses?
What do you think?

*3.*_____ c'est un singe?
Is it a monkey?

*4.*_____ il mange?
What does he eat?

Je ne vais pas te dire. C'est une devinette!
I'm not going to tell you. It's a riddle.

*5.*_____ tu vas finir ton dessin?
Je ne veux plus deviner.
When will you be done with your drawing? I don't want to guess anymore.

Fini! *6.*_____ est dans le dessin?
Finished! Who is in the drawing?

Oh! *7.*_____ c'est moi? Comme je suis beau!
Oh! Is it me? I look handsome!

8. Qu'est-ce qu'Antoine dessine? _____

9. Est-ce que le chat trouve la réponse? _____

10. Qui est-ce qui ne veut plus deviner? _____

La communication

Communication

Vocabulaire : La communication et les médias

Grammaire : La prononciation française

J'écoute la radio.
jeh·koot lah rah·dyoh

I'm listening to the radio.

A. Copiez les mots.
Copy the words.

le journal
the newspaper

_____

luh joor·nahl

la lettre
the letter

_____

lah lehtr

le courrier
the mail

_____

luh koo·ryeh

le télégramme
the telegram

_____

luh teh·leh·grahm

le téléphone
the telephone

_____

luh teh·leh·fohn

le portable
the cellphone

_____

luh pohr·tahbl

la radio
the radio

_____

lah rah·dyoh

la revue
the magazine

_____

lah ruh·vew

l'affiche (f.)
the poster

_____

lah·feesh

la télévision
the television

_____

lah teh·leh·vee·zyohn

le satellite
the satellite

_____

luh sah·teh·leet

l'Internet
the Internet

_____

lahn·tehr·net

l'information (f.)
the information

_____

lahn·fohr·mah·syohn

les gestes (m.)
the gestures

_____

leh jehst

quotidien(ne) (adj.)
daily

_____

koh·tee·dyahn/koh·tee·dyehn

hebdomadaire (adj.)
weekly

_____

ehb·doh·mah·dehr

mensuel(le) (adj.)
monthly

_____

maan·sew·ehl/maan·sew·ehl

annuel(le) (adj.)
yearly

_____

ah·new·ehl/ah·new·ehl

le courriel
the email

_____

luh koo·ryehl

l'annonce (f.)
the advertisement

_____

lah·nohns

la bouche
the mouth

_____

lah boosh

hier (adv.)
yesterday

_____

ee·yehr

demain (adv.)
tomorrow

_____

duh·mahn

aujourd'hui (adv.)
today

_____

oh·joor·dwee

le blogue
the blog

_____

luh blohg

les nouvelles (f.)
the news

_____

leh new·vehl

l'art (m.)
art

_____

lahr

chaque (adj.)
every

_____

shahk

prochain(e) (adj.)
next

_____

proh·shahn/proh·shehn

dernier/dernière (adj.)
last

_____

dehr·nyeh/dehr·nyehr

> **La semaine prochaine, je vais aller au cirque!**
> *Next week, I'm going to go to the circus.*

B. Complétez les phrases à l'aide des images.

Complete the sentences with the help of the pictures.

1. Le **A** _ _ _ _ _ _ _ _ _ transmet un message au

   B _ _ _ _ _ _ _ _ _ .

2. Le **C** _ _ _ _ _ _ _ annonce des **D** _ _ _ _ _ _ _ _ _ _ .

3. L' **E** _ _ _ _ _ _ _ vend des produits.

4. Les **F** _ _ _ _ _ _ communiquent des émotions.

5. Le **G** _ _ _ _ _ _ de Jean est bleu.

C. **Indiquez quand Véronique fait chaque activité à l'aide de son ordre du jour et les mots donnés.**

Indicate when Véronique does each activity with the help of her agenda and the given words.

Voici l'ordre du jour₁ de Véronique.

Here is Véronique's agenda.

Aujourd'hui c'est le 5 juin.

Today is June 5th.

| hebdomadaires | mensuels | chaque |
| dernier | hier | demain |

1. Véronique fait du sport _____ jour.

2. _____ , Véronique va faire de la natation.

3. Véronique a des leçons d'art chaque semaine. Ses leçons d'art sont

   _____ .

4. _____ , Véronique a dansé₂.

5. Véronique va chez le médecin chaque mois. Ses rendez-vous₃ chez le

   médecin sont _____ . Elle a rendu visite₄ au médecin le mois

   _____ .

1. *l'ordre du jour : agenda*   2. *a dansé : danced*
3. *un rendez-vous : appointment*   4. *rendre visite : visited*

La prononciation et l'orthographe
Pronunciation and Spelling

		the letter
B	*beh* ●	how you say the letter
bras	●	french usage
/ b /	●	symbol for the sound
baby	●	closest English sound

Consonants

B *beh*	**J** *jee*	**P** *peh*	**V** *veh*
bras	**j**eudi	**p**apier	**v**ert
/ b /	/ ʒ /	/ p /	/ v /
baby	mea**s**ure	**p**aper	**v**iew
C *seh*	**K** *kah*	**Q** *kew*	**W** *doo·bluh·veh*
cidre **c**oncert	s**k**i	**q**uinze	**w**agon
/ s / / k /	/ k /	/ k /	/ v /
see **c**at	**k**eep	**c**at	**v**et
D *deh*	**L** *ehl*	**R** *ehr*	**X** *eex*
dimanche	**l**it	**r**equin	**x**ylophone
/ d /	/ l /	/ r /	/ z /
dad	**l**etter	**r**obot	**x**ylophone
F *ehf*	**M** *ehm*	**S** *ehs*	**Y*** *ee·grehk*
février	**m**ontre	**s**inge	**y**ogourt
/ f /	/ m /	/ s /	/ j /
fun	**m**om	**s**ad	**y**ellow
G *jeh*	**N** *ehn*	**T** *teh*	**Z** *zehd*
gants	**n**oir	**t**rop	**z**èbre
/ g /	/ n /	/ t /	/ z /
got	**n**ap	**t**ea	**z**ebra

Vowels

a *ah*
avion
/ a /
f**a**t
e *uh*
r**e**garde
/ ə /
about
i *ee*
f**i**lle
/ i /
s**ee**
o *oh*
n**o**s
/ o /
s**oa**p
u *ew*
t**u**
/ y /
m**u**te

Accents

´ *l'accent aigu*
bébé
short
h**ea**d
` *l'accent grave*
père
long
b**ea**r
^ *l'accent circonflexe*
fête
very short
p**e**t
¨ *le tréma*
noël
different syllable
naïve
ç / s /
la cédille
garçon

Nasal Vowels

in *ahn*
p**ain**
/ ɛ̃ /
an *aan*
t**an**te
/ ã /
on *ohn*
onze
/ ɔ̃ /
un *euhn*
br**un**
/ œ̃ /

*"Y" could be both a consonant and a vowel.
e.g.   **y**ogourt (consanant)   st**y**lo (vowel)

**"H" usually acts as a vowel and sometimes a consonant. It takes "le/la" as a consonant and "l'" as a vowel.
e.g. le **h**ibou (consonant)   l'**h**omme (vowel)

H** *ahsh*
hiver
/ silent /
hour

> *Pronounce the vowels "e" and "u" with puckered lips to make them sound more French!*

D. **Écrivez « b » si la voyelle soulignée est brève et « l » si elle est longue.**
Write "b" if the underlined vowel is short and "l" if it is long.

1. <u>é</u>tudiant _____
2. p<u>â</u>tes _____
3. h<u>ô</u>tel _____

4. m<u>è</u>re _____
5. voil<u>à</u> _____
6. <u>o</u>reille _____

E. Complétez le mot français à l'aide des signes phonétiques.
Complete the French word with the help of the phonetic symbols.

Nasal Vowels

/ã/ sounds like **aan**

- m__ __suel
  monthly
- dem__ __der
  to ask
- q__ __ __d
  when

/ɛ̃/ sounds like **ahn**

- l'__ __ternet
  Internet
- quotidi__ __
  daily (m.)
- le proch__ __ __
  next (m.)

/ɔ̃/ sounds like **ohn**

- informati__ __
  information
- poiss__ __
  fish

/œ̃/ sounds like **euhn**

- l__ __di
  Monday
- br__ __
  brown (m.)

Nasal vowels sound like you're pinching your nose!

Accents

[e]
- la __ __ __ __vision
  the television
- un __tudiant
  a student
- le c__r__ale
  the cereal

[ɛ]
- fr __ __e
  brother
- l'étag __re
  a shelf
- la biblioth __que
  the library

La cédille

[s]
- gar__on
  boy
- __a va?
  How are you?
- le__on
  lesson

[k]
- un bal__on
  a balcony
- le __amion
  the truck
- un __ __urriel
  an email

Consonants and Vowels

[ø]
- Il pl__ __t.
  It's raining.
- d__ __x
  two

[ʒ]
- une __irafe
  a giraffe
- __e
  I

[i]
- un l__t
  a bed
- une f__ __ __ __e
  a girl

[u]
- c__ __rrier
  mail
- b__ __che
  mouth

[y]
- rev__ __
  magazine
- t__
  you (sg.)

[k]
- __ __atre
  four
- le __ouloir
  the hallway

[o]
- une ra__ __ __
  a radio
- le __ __ leil
  the sun

Questions: Part Two

Grammaire : L'inversion des adverbes interrogatifs : « pourquoi, où, et comment »

Révision : L'adjectif interrogatif « quel »

Expressions : « Pourquoi...? Parce que... »

> **Pourquoi n'aimes-tu pas les serpents?**
> *poor·kwah nehm tew pah leh sehr·paan*
> *Why don't you like snakes?*

A. Copiez les mots et les phrases.
Copy the words and the sentences.

les adverbes interrogatifs

pourquoi
why

> **Pourquoi joues-tu au tennis?**
> *Why do you play tennis?*

_____   _____

poor·kwah

où
where

> **Où est mon crayon vert?**
> *Where is my green pencil?*

_____   _____

oo

comment
how

> **Comment parle-t-il?**
> *How does he speak?*

_____   _____

koh·maan

l'adjectif interrogatif « quel » which

quel (m.sg.)   quels (m.pl.)   quelle (f.sg.)   quelles (f.pl.)

_____   _____   _____   _____

kehl

B. Conjuguez le verbe au présent.
Conjugate the verb in the present tense.

> **Est-ce que vous vous souvenez de ces verbes?**
> *Do you remember these verbs?*

1. avoir to have

   tu _____

   vous _____

2. être to be

   je _____

   il _____

3. manger to eat

   nous _____

   vous _____

4. écouter to listen

   je _____

   elles _____

5. grandir to grow

   il _____

   nous _____

6. attendre to wait

   j' _____

   elle _____

7. remplir to fill

   ils _____

   nous _____

8. répondre to answer

   tu _____

   nous _____

9. partager to share

   nous _____

   tu _____

10. faire to do

    je _____

    tu _____

    il/elle _____

    nous _____

    vous _____

    ils/elles _____

11. aller to go

    je _____

    tu _____

    il/elle _____

    nous _____

    vous _____

    ils/elles _____

12. prendre to take

    je _____

    tu _____

Poser une question avec l'inversion
Asking a Question with Inversion

If the subject of the sentence is a common or proper noun, follow these steps.

- Switch the subject pronoun and the conjugated verb to change the sentence into a question.

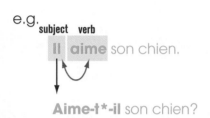

e.g.

<u>subject</u>   <u>verb</u>

Il   **aime** son chien.

Aime-t*-il son chien?

---

*When the verb ends with a vowel, insert "t" between the subject pronoun and the verb.

1. Identify which pronoun would replace the noun subject.
   e.g.   le garçon → il

2. Insert the pronoun between the subject and the verb.
   e.g.   Le garçon aime son chien.
              il

3. Switch the inserted pronoun and the verb.
   e.g.   Le garçon, **aime-t*-il** son chien?
            The boy, does he like his dog?

C.   **Donnez le pronom sujet qui remplacerait le sujet. Ensuite transformez les phrases en questions avec l'inversion.**

Indicate which pronoun would replace the subject. Then change the sentences into questions using inversion.

1. Marc est au parc.   pronom sujet : _____

   Question : _____

2. Marie et Simon finissent leurs devoirs.   pronom sujet : _____

   Question : _____

3. Toi et ton chien êtes les plus gentils.   pronom sujet : _____

   Question : _____

4. Moi et ma sœur attendons le train.   pronom sujet : _____

   Question : _____

D. Transformez les phrases en questions en utilisant l'inversion et les adverbes interrogatifs « où, pourquoi, comment ».

Change the sentences into questions using inversion and the interrogative adverbs "où, pourquoi, comment".

1. Marc mange sa pomme dans la cuisine. (where)

    Où Marc mange-t-il sa pomme?

    + inversion question =

    Comment
    Où
    Pourquoi

    How
    Where
    Why

2. Il est très gentil. (how)

    _____

3. La plante grandit très vite. (how)

    _____

4. Nous parlons ensemble. (how)

    _____

5. Il arrose les fleurs pour qu'elles grandissent. (why)

    _____

6. Nous devons aller à l'école. (why)

    _____

7. Les légumes sont chers au marché. (where)

    _____

8. Moi et mon frère, nous sommes contents. (why)

    _____

9. Les enfants étudient à la bibliothèque. (where)

    _____

L'adjectif interrogatif « quel »
The Interrogative Adjective "Quel"

The interrogative adjective "quel" always agrees in number and gender with the noun that follows it. It is put before inversion to ask "which" or "what".

"which/what" thing	
singular	plural
quel (m.)	quels (m.)
quelle (f.)	quelles (f.)

e.g. **Quelle chemise** portes-tu?
Which shirt are you wearing?

Quel animal préférez-vous?
What animal do you prefer?

In French, « quel » means both "which" and "what".

E. **Écrivez la bonne forme de « quel ».**
Write the correct form of "quel".

1. Dans _____ jardin (m.) la fleur pousse-t-elle?

2. _____ sœur aime-t-elle le plus?

3. _____ joueur (m.) de football est le plus fort?

4. _____ saison (f.) préférez-vous?

5. _____ âge (m.) a-t-elle?

6. _____ livres (m.) vas-tu rendre à la bibliothèque?

7. _____ nouvelles (f.) annoncent-ils?

8. _____ jupes (f.) lavez-vous?

9. _____ langues (f.) comprends-tu?

10. _____ jeux (m.) jouons-nous aujoud'hui?

Expressions

En anglais :	En français :
In English	In French
"Why..."	« Pourquoi... »
"Because..."	« Parce que... »

Pourquoi salis-tu ta robe?
Why are you dirtying your dress?

Parce qu'il n'y a pas de serviettes!
Because there aren't any napkins!

F. Répondez aux questions par des phrases complètes ou demandez la question, selon le cas.

Either answer the questions with a complete sentence or ask the question for each case.

1. Q : Pourquoi étudiez-vous?

   A : _____
   We're studying because we have a test.

2. Q : _____
   Why are you waiting for the bus?

   A : Nous attendons l'autobus parce que nous allons à l'école.

3. Q : _____
   Why are you returning your book?

   A : Je rends mon livre parce que je n'en ai plus besoin.

4. Q : Pourquoi met-il ses chaussures?

   A : _____
   He's putting his shoes on because he's going to the park.

Le camping

Camping

Vocabulaire : Le camping

Grammaire : « Vouloir » et « pouvoir »

> **Je veux la crème antimoustique!**
> *juh vuh la krehm aan·tee·moos·teek*
> *I want the insect repellent.*

A. Copiez les mots.
Copy the words.

l'excursion
the excursion

_____

lehks·kewr·syohn

la tente
the tent

_____

lah taant

la carte
the map

_____

lah kahrt

la boussole
the compass

_____

lah boo·sohl

la lanterne
the lantern

_____

lah laan·tehrn

la crème solaire
the sunscreen

_____

lah krehm soh·lehr

la lampe électrique
the flashlight

_____

lah laamp eh·lehk·treek

le gilet de sauvetage
the lifejacket

_____

luh jee·leh duh sohv·tahj

le sac de couchage
the sleeping bag

_____

luh sahk duh koo·shahj

le moustique the mosquito

_____

luh moos·teek

la fourmi the ant

_____

lah foor·mee

la crème antimoustiques the mosquito repellent

_____

lah krehm aan·tee·moos·teek

la cigale the cicada

_____

lah see·gahl

le feu de camp
the campfire

_____

luh fuh duh kaam

le bois de chauffage
the firewood

_____

luh bwah duh shoh·fahj

les allumettes
the matches

_____

leh zah·lew·meht

> **Je fait du kayak!**
> *I'm kayaking!*

Faire...
une promenade
to go for a walk

_____

ewn proh·muh·nahd

Aller à...
la pêche
to go fishing

_____

lah pehsh

la chasse
to go hunting

_____

lah shahs

B. Mettez la bonne lettre dans le cercle.
Put the correct letter in the circle.

○ le kayak

○ la pêche

○ la boussole

○ le feu de camp

○ la lampe électrique

○ le gilet de sauvetage

○ la lanterne

○ la crème antimoustiques

Grammaire

"Vouloir" and "pouvoir" are irregular verbs from the 3ʳᵈ group. "Vouloir" can be followed by a common noun or an infinitive verb. "Pouvoir" is only followed by an infinitive verb or nothing at all.

« vouloir » +
- a common noun
- an infinitive

e.g.   Il veut un <u>bonbon</u>.
                noun
He wants a candy.

Il veut <u>manger</u>.
            infinitive
He wants to eat.

	« **vouloir** » to want	« **pouvoir** » to be able to/can
je	veu**x**	peu**x**, puis*
tu	veu**x**	peu**x**
il/elle	veu**t**	peu**t**
nous	v**ou**lons	p**ou**vons
vous	v**ou**lez	p**ou**vez
ils/elles	v**eu**lent	p**eu**vent

*The form "puis" is only used with inversion questions.
e.g. Puis-j'aller aux toilettes?
   May I go to the washroom?

"pouvloir" + an infinitive

e.g.

Je peux <u>dessiner</u>. *I can draw.*
   infinitif

C.   Écrivez la bonne forme du verbe.
Write the correct form of the verb.

« **vouloir** »

1.   Je _____ une carte.

2.   Tu _____ la crème solaire.

3.   Marie _____ faire du sport.

4.   Vous _____ être médecin.

5.   Ils _____ répondre.

6.   Elles _____ partager.

« **pouvoir** »

1.   Tu _____ l'avoir.

2.   Vous _____ étudier.

3.   _____-je répondre?

4.   Elles _____ être gentilles.

5.   Il ne _____ pas nager.

6.   Nous _____ très bien nager.

D. **Regardez les images et écrivez ce que chaque personne veut.**
Look at the pictures and indicate what each person wants.

A Il   **B** Elle   **C** Tu   **D** Vous

A _____

B _____

C _____

D _____

E. **Écrivez une phrase complète pour décrire ce que chaque personne peut faire.**
Write complete sentences to describe what the people can do.

1. Je – naviguer avec une boussole

    _____

2. Tu – donner la crème antimoustiques à Michelle

    _____

3. Émilie, Luc et Thérèse – remplir la tente

    _____

4. Ils – sommeiller dans leurs sacs de couchage

    _____

5. Vous – donner des leçons de pêche

    _____

Impératif de « vouloir »
Imperative of "vouloir"

En anglais :

In English

You (sg.): Please + imperative

You (pl.): Please + imperative

The imperative of "vouloir" is used to give polite orders. It is followed by an infinitive and is translated as "Please…".

En français :

In French

Tu :   veuille + infinitif
        vuhy

Vous : veuillez + infinitif
        vuh·yeh

Veuillez entrer!

vuh·yeh aan·treh

Please come in!

F.   **Récrivez les ordres suivants en y ajoutant « vouloir » à l'impératif.**
Rewrite the orders below by adding the correct imperative form of "vouloir".

1.   Mange tes légumes s'il te plaît!

    _____

2.   Attachez votre ceinture!

    _____

3.   Excusez mon retard!

    _____

4.   Trouve mon chat!

    _____

5.   Acceptez nos excuses!

    _____

G. Remplissez les tirets pour compléter la lettre de Julie à sa tante.
Fill in the blanks to complete Julie's letter to her aunt.

Ma chère tante Anne,   le 1 juillet 2009

  Je vous écris[1] pour vous inviter à notre _____ . Moi et
                                                  tent

la famille, nous nous sommes installés au bord[2] du grand lac. Ici, nous

_____ de la natation. Aujoud'hui, nous _____ .
to be able to do   *to go fishing*

Les nuits, nous dormons[3] dans nos _____ et nous _____
                                        sleeping bags   *to be able to hear*

les cigales chanter dans les arbres. Vous _____ rester chez nous si
                                            to be able to

vous _____ ; notre tente est immense[4]! Nous _____
        to want to   *to be able to do*

du canotage[5] ensemble. Ne vous inquiétez[6] pas, vous n'avez pas besoin

d'apporter[7] votre _____ , car nous en avons un de plus[8]! Je
                      life jacket

_____ même nous naviguer[9] avec _____ , comme ça
to be able to   *my compass*

nous ne nous perdrons pas[10]! _____ amener votre _____
                                Please (vouloir)   *mosquito repellent*

parce qu'il y a beaucoup de _____ . _____ trouver
                              mosquito   *Please (vouloir)*

ci-joint une photo de notre site de camp!

J'_____ votre arrivée[11].
    to wait

Je vous embrasse,
Julie

1. *Je vous écris : I'm writing to you*
2. *nous nous sommes installés au bord : we set ourselves up by the edge*
3. *dormir : to sleep*
4. *immense : huge*   5. *le canotage : canoeing*   6. *inquiéter : to worry*
7. *apporter : to bring* 8. *de plus : extra*   9. *naviguer : to navigate*
10. *ne nous perdrons pas : we will not get lost*   11. *l'arrivée : the arrival*

L'impératif

The Imperative

Vocabulaire : Les verbes réguliers du 1er, 2e, et 3e groupes

Grammaire : L'impératif

Cherche partout!
shehrsh pahr·too

Search everywhere!

A. Copiez les mots.
Copy the words.

1er groupe

travailler	amener	rester
to work	to bring	to stay
_____	_____	_____
trah·vah·yeh	*ahm·neh*	*rehs·teh*

2e groupe

demander	inviter		nourrir
to ask	to invite		to feed
_____	_____		_____
duh·maan·deh	*ahn·vee·teh*		*noo·reer*

visiter		bâtir	finir
to visit		to build	to finish
_____		_____	_____
vee·zee·teh		*bah·teer*	*fee·neer*

	réussir	choisir	guérir
	to succeed	to choose	to heal
	_____	_____	_____
	reh·ew·seer	*shwah·zeer*	*geh·reer*

3ᵉ groupe	verbes en « -RE »

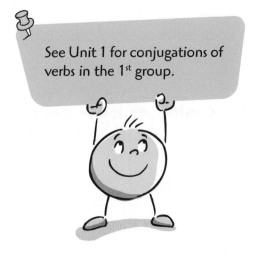

See Unit 8 for « -RE » conjugations.

attendre
to wait

descendre
to go down

_____   _____

ah·taandr   *deh·saandr*

répondre
to answer

entendre
to hear

vendre
to sell

_____   _____   _____

reh·pohndr   *aan·taandr*   *vaandr*

B. Remplissez les tirets en conjuguant les verbes du 1ᵉʳ groupe.
Fill in the blanks by conjugating the verbs of the 1ˢᵗ group.

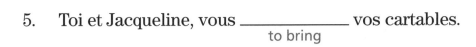

See Unit 1 for conjugations of verbs in the 1ˢᵗ group.

1. Je _____ un chat à mes parents.
   to ask

2. Tu _____ chez toi.
   to stay

3. Marlée _____ ses grands-parents.
   to visit

4. Nous _____ les soirs.
   to work

5. Toi et Jacqueline, vous _____ vos cartables.
   to bring

6. Alex et Jean _____ leurs amis.
   to invite

7. Je _____ un service à mon frère.
   to ask

C. **Conjuguez les verbes du 2ᵉ groupe. Ensuite traduisez les phrases.**
Conjugate the verbs of the 2nd group. Then translate the sentences.

1. Je _____ (choisir) le médecin le plus gentil.

   En anglais : _____

   _____

   See Unit 5 for conjuguations of verbs in the 2nd group.

2. Alex _____ (finir) l'exercise.

   En anglais : _____

3. Tu _____ (réussir) dans la vie. (la vie : life)

   En anglais : _____

4. Jacques et sa sœur _____ (nourrir) les oiseaux.

   En anglais : _____

D. **Conjuguez les verbes en « -RE » du 3ᵉ groupe.**
Conjugate the verbs ending in "-RE" from the 3rd group.

« **répondre** »	« **attendre** »
1. Je _____ au téléphone.	1. Vous _____ le train.
2. Tu _____ à la lettre.	2. Qu'est ce qu'il _____ ?
3. Elle _____ à la question.	3. Tu _____ ta mère.
4. Nous _____ à l'heure.	4. J' _____ l'autobus.
5. Vous _____ au couriel.	5. Elles _____ le repas.

E. **Reliez les noms aux infinitifs correspondants.**
Match the nouns with the corresponding infinitives.

une guérison
a cure

un choix
a choice

le travail
the work

une invitation
an invitation

un dessin
a drawing

un bâtiment
a building

la fin
the end

une vente
a sale

une visite
a visit

une réponse
an answer

une demande
a request

la nourriture
food

un jeu
a game

1. jouer _____

2. choisir _____

3. demander _____

4. finir _____

5. nourrir _____

6. dessiner _____

7. travailler _____

8. répondre _____

9. vendre _____

10. guérir _____

11. inviter _____

12. visiter _____

13. bâtir _____

L'impératif
The Imperative

The imperative is used to command someone to do something.

The imperative is only conjugated in three persons: tu, nous, vous.

	« -ER »	« -IR »	« -RE »
tu	Travailles! Work!	Choisis! Choose!	Attends! Wait!
nous	Travaillons! Let's work!	Choisissons! Let's choose!	Attendons! Let's wait!
vous	Travaillez! Work!	Choisissiez! Choose!	Attendez! Wait!

> In the imperative, subjects are not expressed; they are neither spoken nor written.

Imperative endings are the same as those in the present tense.

e.g. l'indicatif présent : **Tu attends** le train.
You are waiting for the train.

l'impératif : **Attends le** train!
Wait for the train!

Exception: for verbs ending in "-ER", the -s ending in the second person singular "tu" is dropped.

e.g. l'indicatif présent : **Tu manges** une banane.
You are eating a banana.

l'impératif : **Mange une** banane!
Eat a banana!

Attention!

avoir	être
aie _have_	sois _be_
ayons _let's have_	soyons _let's be_
ayez _have_	soyez _be_

e.g N'aie pas peur!
Don't be scared!

F. **Mettez les phrases à l'impératif.**
Put the sentences in the imperative.

1. Tu finis ton dîner. _____

2. Nous demandons la pause. _____

3. Vous attendez l'autobus. _____

4. Vous amenez vos amis. _____

5. Tu rends visite au dentiste. _____

6. Tu es gentille. _____

G. Complétez les phrases avec la bonne forme de l'impératif.
Complete the sentences with the correct form of the imperative.

1.

_____ la lampe!
regarder (tu)

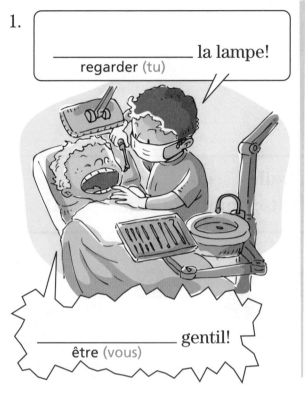

_____ gentil!
être (vous)

2.

_____ aux questions.
répondre (vous)

_____ la bonne _____ .
choisir (vous)   the answer

3.

_____ ton sandwich!
manger (tu)

_____ une minute! Je mange
attendre (tu)
une pomme maintenant.

_____-
cacher (nous)
nous vite!
Let's hide quickly!

_____ là!
rester (vous)

Stay there!

_____-moi tranquille!
laisser (vous)
Leave me alone!

La révision 2

La révision
- Au restaurant
- La santé
- La communication
- l'impératif
- Les sports
- La question
- Le camping

A. Écrivez les mots à la bonne place.
Write the words in the correct spaces.

qui   la piscine   soif   une maladie   où   pilules   jus
la natation   eau   plus   qu'est-ce que   tisane   mal

A J'ai très _____. J'ai besoin du _____, de l' _____

et de la _____ chaude.

B J'aime faire de_____ . J'aime nager dans le lac _____

que dans _____ .

C Elle a _____ sérieuse. Elle a toujours _____ et elle prend

beaucoup de _____ .

D Mon frère pose trop de questions. Il demande :

« _____ tu fais? » , « _____ vas-tu? » et « Tu parles avec

_____ ? »

| une excursion | quelle | la télévision | allumettes | une carte | où |
| finis | amène | comment | lave | les nouvelles | |

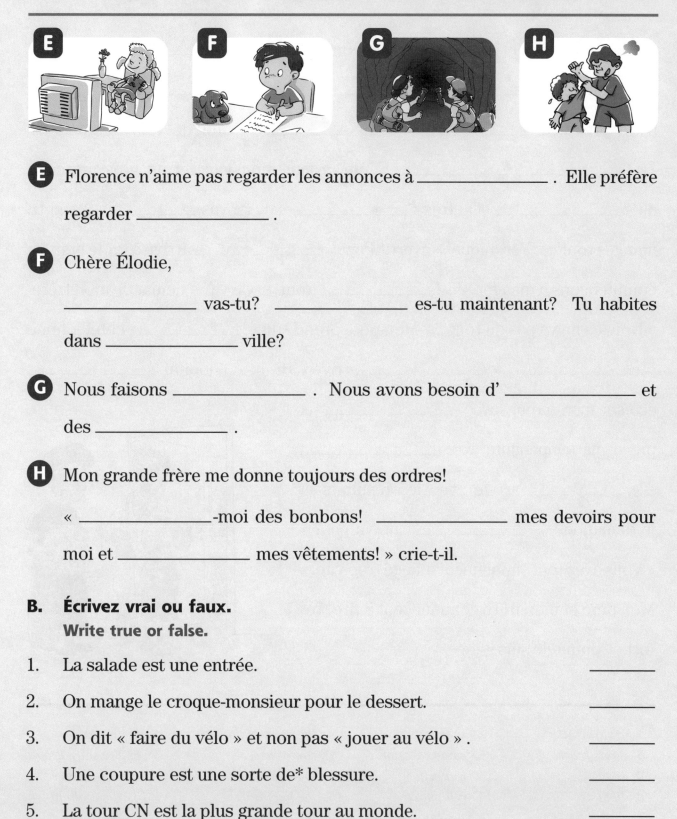

E Florence n'aime pas regarder les annonces à _____ . Elle préfère

regarder _____ .

F Chère Élodie,

_____ vas-tu? _____ es-tu maintenant? Tu habites

dans _____ ville?

G Nous faisons _____ . Nous avons besoin d' _____ et

des _____ .

H Mon grande frère me donne toujours des ordres!

« _____-moi des bonbons! _____ mes devoirs pour

moi et _____ mes vêtements! » crie-t-il.

B. Écrivez vrai ou faux.
Write true or false.

1. La salade est une entrée. _____

2. On mange le croque-monsieur pour le dessert. _____

3. On dit « faire du vélo » et non pas « jouer au vélo » . _____

4. Une coupure est une sorte de* blessure. _____

5. La tour CN est la plus grande tour au monde. _____

6. Un portable n'est pas une sorte de téléphone. _____

*une sorte de : a kind of

C.   Remplacez le mot anglais avec le bon mot français.
Replace the English word with the correct French word.

Ce soir, moi et ma famille mangeons chez notre 1._____ préféré.

Mon père 2._____ toujours 3._____ et 4._____ . Mon

frère prend 5._____ et 6._____ . Moi, je vais commander

7._____ , 8._____ , un croque-monsieur, et un gros morceau

de 9._____ . J'ai très 10._____ . « Tu vas 11._____ si tu

manges tout ça, Véronique! » avertit Papa. 12._____ arrive à table et nous

commençons à manger. Je 13._____ tout! « Ça va? » demande mon frère.

« Non, ça ne va pas du tout... » Mon père prend son 14._____ et téléphone

à 15._____ . « 16._____ arrive », dit-il. À l'hôpital, 17._____

écoute mon cœur avec 18._____ et

prend ma température avec 19._____ .

20._____ arrive avec les résultats et

je demande : « 21._____ ne va pas? »

« Vous avez tout simplement mangé trop vite. »

Mon père et mon frère commencent à rire très

fort. Comme je suis gênée.

1. *restaurant*	2. *to take*	3. *the soup of the day*	4. *the pasta*
5. *some fries*	6. *some chicken*	7. *some cheese*	8. *the salty crêpes*
9. *cake*	10. *hungry*	11. *to have a stomachache*	12. *our dinner*
13. *to taste*	14. *cell phone*	15. *the hospital*	16. *the ambulance*
17. *the nurse (f.)*	18. *the stethoscope*	19. *the thermometer*	20. *the doctor*
21. *what - subject*			

D. Remettez le texte dans le bon ordre.
Put the events from the text in order.

1. L'ambulance amène la famille à l'hôpital.
2. Le médecin partage les résultats avec la famille.
3. Ils commandent leurs repas.
4. Véronique mange trop et a mal au ventre.
5. Véronique est très gênée.
6. Ils vont au restaurant.

_____

_____

_____

_____

_____

_____

E. Encerclez la bonne réponse à l'aide de l'image.
Circle the correct answer with the help of the picture.

A Il frappe₁ la balle avec _____ .

le club / le bâton

B Le ballon va au-dessus _____ .

du panier / du filet

C Ils sont sur _____ .

les matelas / la poutre

D Elle porte _____ .

son casque / ses patins

1. *frapper - to hit*

F. Mettez la bonne lettre dans chaque cercle.
Put the correct letter in the circle.

Où est-il? ( )

On signale avec... ( )

Qui est-ce qui... ( )

Il tire sur la rondelle avec... ( )

Quand on a une blessure... ( )

Qui est-ce que... ( )

Il y a beaucoup d'annonces... ( )

On parle avec... ( )

Quand on a mal à la gorge... ( )

Le moustique est... ( )

Quand j'ai soif... ( )

A	je bois de l'eau.
B	son bâton de hockey.
C	on y met un pansement.
D	on prend des médicaments.
E	tu cherches?
F	amène les boissons?
G	dans la revue.
H	la bouche.
I	Il est à la cuisine.
J	les gestes.
K	un insecte.

G. Rayez l'intrus.
Cross out the word that does not belong.

1	2	3	4
le moustique	l'art	la fièvre	le soccer
la piqûre	la lettre	la toux	la natation
la fourmi	le télégramme	le stéthoscope	la gymnastique
la cigale	le courriel	la coupure	la lutte

5	6	7	8
la viande	le thé	pouvez	Travaille!
les fruits de mer	le café	voulons	Choisis!
la volaille	la tisane	faisons	Restez!
la salade	la crème glacée	jouons	Demande!

H. Reliez les mots qui conviennent.
Join the words that go together.

1. répondre •   • le feu de camp
2. la lanterne •   • parce que
3. pourquoi •   • les médicaments
4. la coupure •   • le patinage
5. le bois de chauffage •   • une réponse
6. le jus •   • le riz
7. le médecin •   • la limonade
8. le hockey •   • la lampe électrique
9. la pilule •   • le pansement
10. les pâtes •   • l'infirmier

1 Les salutations
Greetings

B. 1. 22 h 30 2. 10 h 30
3. 13 h 30 4. le matin
5. le soir

C. 1. Salut
2. Salut
3. Bonjour Dr Leblanc!
4. Salut Charlie!
5. Bonjour Mme Blé!
6. Bonjour M. Droit!

D. 1. See you soon!
2. Later!
3. See you tomorrow!
4. Farewell!
5. See you next time!

E. 1. serre la main de Paul
2. serrent l'ours dans leurs bras
3. embrasses ton cousin
4. salue Lucie de la main

F. (Suggested answers)
1. Je vais bien, merci.
   Bien, merci.
2. Comme ci, comme ça.
   Ça va mal.
3. Pas grand-chose.
   Rien de neuf.

G. (Suggested answers)
1. Je m'appelle Paul.
   Comment vous appelez-vous?
   Bonjour Paul! Je m'appelle Martin.
2. Bonjour! Je m'appelle Sylvie.
   Comment t'appelles-tu?
   Bonjour Sylvie! Je m'appelle Paul.
3. Bonjour! Je m'appelle Anne.
   Comment vous appelez-vous?
   Bonjour! Je m'appelle Paul.

2 Les nombres : de 1 à 100
Numbers: 1 to 100

B. 1. 39 2. 74 3. 46
4. 86 5. 96 6. 98
7. 66 8. 76 9. 57
10. 75

C. quatre-vingt-douze
soixante-cinq
quarante et un
soixante-dix-sept
quatre-vingts
seize
soixante-dix-neuf
quatre-vingt-cinq
quatre-vingt-dix-sept

D. 1. trente-six
2. vingt-huit
3. quatre-vingt-dix
4. cinquante-trois
5. quarante-sept
6. soixante-quatorze
7. dix-sept
8. soixante-quatre
9. cent
10. quatre-vingt-onze
11. quatre-vingt-quatorze

E. 1. soixante-seize
2. quatre-vingt-onze
3. soixante-sept

F. A: assez de
B: beaucoup de
C: peu d'
D: peu d'
E: beaucoup de

3 Les adjectifs possessifs
Possessive Adjectives

B. B: C'est notre chat. ; Ce sont nos chats.
C: C'est mon ours. ; Ce sont mes ours.
D: C'est votre maison. ; Ce sont vos maisons.
E: C'est sa robe. ; Ce sont ses robes.

C. 1. Ma saison préferée est l'hiver.
2. Notre classe est très grande.
3. Ton professeur est très gentil.
4. Sa crème glacée est froide.
5. Ses quatre-vingt-dix-neuf robes sont jolies.
6. Leur maison est grande mais leurs chambres sont petites.
7. Ton nez est rouge!

Réponses Answers

D. 1. son
2. Je mange ma pomme.
3. Tes fleurs sont ici.
4. Quelles sont ses robes?
5. As-tu besoin de ton livre?
6. J'embrasse ma mère.

E. Je: ma lampe ; la lampe à moi
mes clés ; les clés à moi
Tu: ton vélo ; le vélo à toi
ta balançoire ; la balançoire à toi
tes fleurs ; les fleurs à toi
Il / Elle: son ananas ; l'ananas à lui / elle
sa banane ; la banane à lui / elle
ses pommes ; les pommes à lui / elle

F. 1. mes ; tes
2. notre ; toi
3. lui ; tes

G. 1. tes pieds
2. ma bouche
3. nos bouches
4. leurs oreilles

4   Les conjonctions
Conjunctions

B. 1. et   2. ou
3. Ni ; ni   4. mais
5. n' ; ni ; ni   6. ou

C. 1. Je mange parce que j'ai faim.
2. Tu chantes et tu danses.
3. Nous avons raison car nous sommes intelligents.
4. Je mange mon déjeuner puis je me brosse les dents.

D. 1. Je mange parce que j'ai faim.
2. Il danse parce qu'il est content et elle pleure parce qu'elle est triste.
3. Je sommeille parce que je suis fatigué(e) et ennuyé(e).
4. Nous étudions le français parce qu'il est beau.
5. Son chien aboie parce qu'il est fâché.

E. 1. ou je vais au parc avec mon frère
2. ni avec ton chien ni avec ton chat
3. ou vous allez à l'école
4. ou ils vont à la plage

5. ni ses lunettes ni son chapeau
6. ni le chien n'aime le chat

F. et ; parce qu' ; car ; et ; mais ; Donc ; Ni ; ni ;
Ou ; ou ; Donc ; puis

5   La négation
The Negative

B. 1. bâtir   2. remplir
3. choisir   4. salir
5. punir   6. nourrir
7. avertir   8. rougir

C. 1. salit   2. finis
3. grandissent   4. agit
5. remplissons   6. obéissez
7. rougissent   8. nourris
9. choisit

D. 1. Il ne va jamais à l'école.
2. Je n'aime pas mon cousin.
3. Tu ne finis jamais tes devoirs.
4. Tu ne remplis pas ton verre.
5. Elle ne rougit plus de colère.
6. Vous ne choisissez pas votre famille.
7. Nous ne bâtissons plus une maison.
8. Je n'avertis jamais mes amis.

E. 1. Jean aime bâtir des maisons.
2. Jacqueline nourrit son chien.
3. Lucie remplit son bol.
4. Il obéit.

F. A: Elle rougit. ; Elle ne rougit pas.
B: Elle remplit le bol. ; Elle ne remplit pas le bol.

G. 1. Monique punit son chien.
2. Claire et Marie avertissent leur frère.
3. Lucie choisit la robe bleue.
4. Nous bâtissons une maison.

6   À l'épicerie
At the Grocery Store

B. 1. le prix ; un produit
2. le sac ; le panier
3. l'étagère ; le chariot
4. la caissière ; la caisse ; une promotion

C. 1. le reçu
    2. la caisse
    3. le porte-monnaie
    4. les étagères
    5. le panier

D. 1. frais   2. congelés
    3. chère   4. bon marché
    5. salés   6. sucrée
    7. amer   8. conservés
    9. secs ; salés

E. A: verre   B: tranche
    C: morceau   D: paquet
    E: boîte

F. 1. un morceau
    2. des miettes
    3. une bouteille

G. Ingrédients: tranches ; tranches de fromage ;
    grandes tranches ; un bout de
    Préparation: Finissez ; Mangez

7 En ville
In the City

B. 1. au cinéma   2. au restaurant
    3. à l'école   4. au musée
    5. au magasin

C. A: à l'aéroport
    B: au marché
    C: à la plage
    D: au musée
    E: au restaurant
    F: au monument
    G: au parc
    H: au centre d'achats

D. 1. mange à l'école
    2. finissent ; à la bibliothèque
    3. êtes à l'aéroport
    4. es à la plage
    5. fait chaud au parc
    6. arrivons à la maison (chez nous)

E. 1. va au   2. vais à
    3. vont au   4. allez à
    5. allons au   6. vas à
    7. vont à   8. vais au
    9. allez à

F. A: Marcel et son chien vont au parc.
    B: Henri va au cinéma.
    C: Nous allons à l'école.
    D: Monsieur Paul va à New York.

G. (Individual answers)

8 La cuisine
The Kitchen

B. 1. un bol
    2. une fourchette
    3. un couteau
    4. une bouilloire
    5. un grille-pain
    6. un micro-ondes
    7. une poêle
    8. un placard
    9. un napperon

C.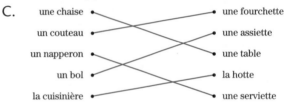

une chaise — une assiette
un couteau — une serviette
un napperon — une fourchette
un bol — une table
la cuisinière — la hotte

D. 1. réfrigérateur   2. verre
    3. table   4. bol
    5. fourchette   6. cuillère

E. entendre: entends ; entends ; entend ;
    entendons ; entendez ; entendent
    répondre: réponds ; réponds ; répond ;
    répondons ; répondez ; répondent
    rendre: rends ; rends ; rend ; rendons ;
    rendez ; rendent
    mordre: mords ; mords ; mord ; mordons ;
    mordez ; mordent
    descendre: descends ; descends ; descend ;
    descendons ; descendez ; descendent
    1. attends   2. entendons
    3. réponds   4. mord

F. descend ; finit ; attend ; va ; rend ; vendent ;
    mord ; perd

G. 1. ses livres ; la bibliothèque
    2. à la cafétéria
    3. son dîner
    4. mord
    5. perd

H. 1. C. vend
    2. B. attendent
    3. B. descends
    4. C. répond

La révision 1
Revision 1

A. A: Bonjour ; comment allez-vous ; Je vais bien
    B: beaucoup ; réussit
    C: ses ; Mon ; ma
    D: et ; Mais ; ni
    E: agit ; obéit
    F: à l'épicerie ; porte-monnaie ; cents
    G: ville ; cinéma ; restaurant
    H: le placard ; bol ; cuillère ; table

B. 1. V   2. V   3. F
    4. V   5. F   6. F

C. 1. Bonjour   2. vais à l'épicerie
    3. et   4. l'argent
    5. descends   6. les chariots
    7. donc   8. un panier
    9. beaucoup   10. étagères
    11. produits   12. ma liste d'achats
    13. remplis   14. secs
    15. congelés   16. frais
    17. prends   18. sucrés
    19. la caisse   20. Le prix
    21. choisis   22. assez
    23. La caissière   24. cents
    25. mes sacs

D. 4 ; 6 ; 1 ; 5 ; 3 ; 2

E. A: un morceau   B: une boîte
    C: un morceau   D: une bouteille
    E: des miettes   F: un sac

F. Nous nageons : J
    Un reçu est : D
    Une tour se trouve : F
    « Pas assez » veut dire : G
    Chaque produit a : K
    Comment allez-vous? : H
    Ni Jean, ni Luc : B
    Comment t'appelles tu? : A
    Je rends mes livres : I
    Ça coûte trop cher. : E
    Ça va? : C

G. 1. ta
    2. Bonjour!
    3. jamais
    4. rougissez
    5. une miette
    6. remplir

H.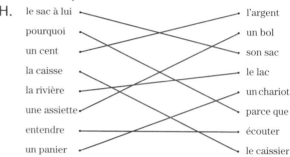

le sac à lui — l'argent
pourquoi — un bol
un cent — son sac
la caisse — le lac
la rivière — un chariot
une assiette — parce que
entendre — écouter
un panier — le caissier

9 Les sports
Sports

B. 1. le golf
    2. le vélo
    3. la natation
    4. le football américain
    5. la gymnastique
    6. le patinage
    7. le base-ball
    8. le ski
    9. le base-ball
    10. le basket-ball

C. Faire de: fais ; fais ; fait ; fait ; faisons ; faites ; font
    Jouer à: joue ; joues ; joue ; joue ; jouons ; jouez ; jouent

D. 1. Elles font de la boxe.
    2. Marie fait du patinage.
    3. Vous jouez au hockey.
    4. Bruno et Daniel jouent au tennis.
    5. Tu joues au basket-ball.
    6. Ils font de la lutte.
    7. Il joue au golf.
    8. Pierre et Martin jouent au soccer.

E. ai ; reveille ; fais de la natation ; jouons au golf ; mangeons ; joue au basket-ball ; regarde la boxe ; faisons ; préparent ; jouons ; mangeons ; suis

10 Au restaurant
At the Restaurant

B. A: les pâtes   B: les fruits de mer
    C: la soupe   D: le café
    P: le thé   Q: le riz
    R: les pommes de terre
    S: le poulet   T: le gâteau

C. 1. la viande   2. le gâteau
    3. le nectar   4. le pain
    5. le lait

D. 1. jouer au tennis. ; I am going to play tennis.
    2. Tu vas finir tes devoirs. ; You are going to finish your homework.
    3. Marie va descendre l'escalier. ; Marie is going to go down the stairs.
    4. Nous allons nager tous les jours. ; We are going to swim every day.
    5. Vous allez danser très bien. ; You are going to dance very well.
    6. Tu vas goûter le café. ; You are going to taste the coffee.

E. A: la soupe du jour, la salade verte et le croque-monsieur.
    B: Tu vas prendre du jus d'orange, la crêpe, le riz et le yogourt.
    C: Nous allons prendre des œufs, une salade, des fèves et du café.
    D: Elles vont prendre un café, du lait et des crêpes au chocolat.
    E: Il va prendre une salade niçoise, du jus et du pain.
    F: Elle va prendre une tisane et une tranche de gâteau.

F. (Individual answers)

11 La santé
Health

B. 1. a mal aux dents/au dent ; Guillaume has a toothache.
    2. a mal à la tête ; Lisa has a headache.
    3. a mal au ventre ; Benjamin has a stomach ache.

C.
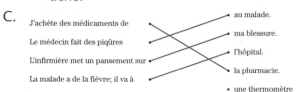

J'achète des médicaments de   au malade.
Le médecin fait des piqûres   ma blessure.
L'infirmière met un pansement sur   l'hôpital.
La malade a de la fièvre; il va à   la pharmacie.
    une thermomètre

D. 1. plus ; qu'
    2. plus contente que Marie
    3. plus petit/moins grand que ma cousine
    4. aussi fort que mon père
    5. plus petite que Caroline

E. 1. la plus
    2. le plus gentil
    3. la plus fatiguée
    4. la plus intelligente
    5. le moins fort

F. très ; plus ; que ; moins ; que ; plus ; que ; plus ; que ; le moins ; le plus ; plus ; que ; la plus ; aussi ; que ; très

12 Le question : partie un
Questions: Part One

B. 1. Est-ce qu'ils attendent l'autobus? ; ils n'attendent pas l'autobus.
    2. Est-ce que nous répondons aux questions? ; vous répondez aux questions.
    3. Est-ce que Guillaume aime jouer au golf? ; Guillaume aime jouer au golf.

C. A: subject ; Qu'est-ce qui a un jouet?
    B: object ; Qu'est-ce qu'Alice commande?
    C: object ; Qui est-ce que tu attends?
    D: subject ; Qui est-ce qui rend le vidéo?
    E: object ; Qu'est-ce que tu écoutes?
    F: subject ; Qui est-ce qui parle ensemble?

D. 1. Qu'est-ce que ; Quand est-ce que
    2. Qui est-ce que ; Est-ce que

E. 1. Est-ce que ; c'est un animal.
    2. Qu'est-ce qu'
    3. Est-ce que c'est

F. 1. Quand est-ce qu'André marche dans la forêt?
    2. Qu'est-ce que nous regardons à la télévision?
    3. Qui est-ce qui parle au téléphone?
    4. Est-ce qu'ils perdent leur temps?
    5. Quand est-ce que vous allez prendre le train?
    6. Qui est-ce qui vend de la limonade?
    7. Qu'est-ce que nous attendons?

G. 1. Qu'est-ce que
    2. Qu'est-ce que
    3. Est-ce que

4. Qu'est-ce qu'
5. Quand est-ce que
6. Qui est-ce qui
7. Est-ce que
8. Antoine dessine un chat.
9. Oui, le chat trouve la réponse.
10. Le chat ne veut plus deviner.

13 La communication
Communication

B. A: portable
    B: satellite
    C: journal
    D: nouvelles
    E: affiche / annonce
    F: gestes
    G: blogue
C. 1. chaque
    2. Demain
    3. hebdomadaires
    4. Hier
    5. mensuels ; dernier
D. 1. b   2. b   3. b
    4. l   5. l   6. l
E. Nasal Vowels
    mensuel ; demander ; quand
    l'Internet ; quotidien ; le prochain
    information ; poisson
    lundi ; brun
    Accents
    la télévision ; un étudiant ; le céréale
    frère ; l'étagère ; la bibliothèque
    La cédille
    garçon ; Ça va? ; leçon
    un balcon ; le camion ; un courriel
    Consonants and Vowels
    Il pleut. ; deux
    une girafe ; je
    un lit ; une fille
    courrier ; bouche
    revue ; tu
    quatre ; le couloir
    une radio ; le soleil

14 La question : partie deux
Questions: Part Two

B. 1. as ; avez
    2. suis ; est
    3. mangeons ; mangez
    4. écoute ; écoutent
    5. grandit ; grandissons
    6. attends ; attend
    7. remplissent ; remplissons
    8. réponds ; répondons
    9. partageons ; partages
    10. fais ; fais ; fait ; faisons ; faites ; font
    11. vais ; vas ; va ; allons ; allez ; vont
    12. prends ; prends
C. 1. il ; Marc, est-il au parc?
    2. ils ; Marie et Simon, finissent-ils leurs devoirs?
    3. vous ; Toi ton chien, êtes-vous les plus gentils?
    4. nous ; Moi et ma soeur, attendons-nous le train?
D. 2. Comment est-il?
    3. Comment la plante grandit-elle?
    4. Comment parlons-nous?
    5. Pourquoi arrose-t-il les fleurs?
    6. Pourquoi devons-nous aller à l'école?
    7. Où sont-ils chers les légumes?
    8. Pourquoi moi et mon frère sommes-nous contents?
    9. Où les enfants étudient-ils?
E. 1. quel   2. Quelle
    3. Quel   4. Quelle
    5. Quel   6. Quels
    7. Quelles   8. Quelles
    9. Quelles   10. Quels
F. 1. Nous étudions parce que nous avons un test.
    2. Pourquoi attendez-vous l'autobus?
    3. Pourquoi rends-tu ton livre?
    4. Il met ses chaussures parce qu'il va au parc.

15 Le camping
Camping

B. H: le kayak
C: la pêche
E: la boussole
D: le feu de camp
A: la lampe électrique
B: le gilet de sauvetage
G: la lanterne
F: la crème antimoustiques

C. vouloir:
1. veux   2. veux
3. veut   4. voulez
5. veulent   6. veulent
pouvoir:
1. peux   2. pouvez
3. Puis   4. peuvent
5. peut   6. pouvons

D. A: Il veut une allumette.
B: Elle veut une lampe électrique.
C: Tu veux une boussole et un gilet de sauvetage.
D: Vous voulez de la crème antimoustiques et une tente.

E. 1. Je peux naviguer avec une boussole.
2. Tu peux donner la crème antimoustiques à Michelle.
3. Ils peuvent remplir la tente.
4. Ils peuvent sommeiller dans leurs sacs de couchage.
5. Vous pouvez donner des leçons de pêche.

F. 1. Veuille manger tes légumes s'il te plaît!
2. Veuillez attacher votre ceinture!
3. Veuillez excuser mon retard!
4. Veuille trouver mon chat!
5. Veuillez accepter nos excuses!

G. tente ; pouvons faire ; allons à la pêche ; sacs de couchage ; pouvons entendre ; pouvez ; voulez ; pouvons faire ; gilet de sauvetage ; peux ; ma boussole ; Veuillez ; crème antimoustiques ; moustiques ; Veuillez ; attends

16 L'impératif
The Imperative

B. 1. demande
2. restes
3. visite
4. travaillons
5. apportez
6. invitent
7. demande

C. 1. choisis ; I am choosing the nicest doctor.
2. finit ; Alex is finishing the exercise.
3. réussis ; You are succeeding in life.
4. nourrissent ; Jacques and his sister are feeding the birds.

D. répondre
1. réponds   2. réponds
3. répond   4. répondons
5. répondez
attendre
1. attendez   2. attend
3. attends   4. attends
5. attendent

E. 1. un jeu
2. un choix
3. une demande
4. la fin
5. la nourriture
6. un dessin
7. le travail
8. une réponse
9. une vente
10. une guérison
11. une invitation
12. une visite
13. un bâtiment

F. 1. Finis ton dîner!
2. Demandons la pause!
3. Attendez l'autobus!
4. Amenez vos amis!
5. Rends visite au dentiste!
6. Sois gentille!

G. 1. Regarde ; Soyez
2. Répondez ; Choisissez ; réponse
3. Mange ; Attends ; Cachons ; Restez ; Laissez

Réponses Answers

La révision 2
Revision 2

A. A: soif ; jus ; eau ; la tisane
    B: la natation ; plus ; la piscine
    C: une maladie ; mal ; pilules
    D: Qu'est-ce que ; Où ; qui
    E: la télévision ; les nouvelles
    F: Comment ; Où ; quelle
    G: une excursion ; une carte ; allumettes
    H: Amène ; Finis ; lave

B. 1. V   2. F   3. V
    4. V   5. F   6. F

C. 1. restaurant
    2. prend
    3. la soupe du jour
    4. les pâtes
    5. des frites
    6. du poulet
    7. du fromage
    8. les crêpes salés
    9. gâteau
    10. faim
    11. avoir mal au ventre
    12. Notre souper
    13. goûte
    14. portable
    15. l'hôpital
    16. L'ambulance
    17. l'infirmière
    18. un stéthoscope
    19. un thermomètre
    20. Le médecin
    21. Qu'est-ce qui
D. 6 ; 3 ; 4 ; 1 ; 2 ; 5
E. A: le club
    B: du filet
    C: les matelas
    D: son casque
F. Où est il? : I
    On signale avec : J
    Qui est-ce qui : F
    Il tire sur la rondelle avec : B
    Quand on a une blessure : C
    Qui est-ce que : E
    Il y a beaucoup d'annonces : G

On parle avec : H
Quand on a mal à la gorge : D
Le moustique est : K
Quand j'ai soif : A
G. 1. la piqûre
    2. l'art
    3. le stéthoscope
    4. le soccer
    5. la salade
    6. la crème glacée
    7. pouvez
    8. Restez!

H.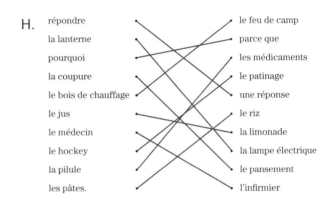

répondre — le feu de camp, la lanterne — parce que, pourquoi — les médicaments, la coupure — le patinage, le bois de chauffage — une réponse, le jus — le riz, le médecin — la limonade, le hockey — la lampe électrique, la pilule — le pansement, les pâtes. — l'infirmier